RÉPUBLIQUE FRANÇAISE

GOUVERNEMENT GÉNÉRAL DE L'ALGÉRIE

RAPPORT

SUR LE FONCTIONNEMENT

DE

L'OFFICE DE L'ALGÉRIE

EN 1913

ALGER

IMPRIMERIE ADMINISTRATIVE VICTOR HEINTZ

1914

RÉPUBLIQUE FRANÇAISE

GOUVERNEMENT GÉNÉRAL DE L'ALGÉRIE

RAPPORT

SUR LE FONCTIONNEMENT

DE

L'OFFICE DE L'ALGÉRIE

EN 1913

ALGER

IMPRIMERIE ADMINISTRATIVE VICTOR HEINTZ

1914

RAPPORT

sur le fonctionnement de l'Office de l'Algérie

en 1913

Dans le rapport sur le fonctionnement de l'office de l'Algérie, en 1912, nous exposions comment ce service avait vu son rôle se modifier progressivement et se développer considérablement à mesure que s'accentuait l'évolution de la colonie elle-même. Nous envisagions l'opportunité de renforcer, à l'aide des fonds à provenir des redevances de la banque de l'Algérie, les moyens de propagande employés jusqu'ici et de perfectionner les conditions actuelles de son action par l'adoption d'un plan de recherches et de vulgarisation méthodiques.

L'ajournement du versement à l'Algérie des redevances de la banque n'a pas permis de prendre en 1913 des mesures qui auraient entraîné une extension des dépenses habituelles. Mais ce retard a été mis à profit pour l'étude plus approfondie des différents points de ce programme dont l'exécution sera entreprise aussitôt que les ressources dont il s'agit seront mises effectivement à la disposition de l'office.

I. — Projet d'arrêté portant réorganisation de l'Office

La révision des textes organiques concernant l'office s'imposait en premier lieu afin de mettre ces textes en concordance avec les modifications survenues dans l'organisation administrative ou dans la situation économique de l'Algérie; il importait de mieux définir le rôle et les attributions du service et d'établir ainsi, sur une base solide, l'organisme chargé de centraliser et de diriger les futures campagnes de propagande en faveur de l'Algérie.

Un nouveau projet de règlement a donc été élaboré en 1913 et transmis à l'autorité supérieure, pour être examiné en conseil de gouvernement. Ce projet, qui ne comporte ni transformation radicale, ni innovations importantes, mais simplement la mise au point du mécanisme déjà existant, présente les caractéristiques suivantes :

La direction de l'office de l'Algérie comprend actuellement un petit nombre d'agents, d'origine diverse et qui n'ont pas de statut stable. Désormais, la composition du personnel serait précisée et tout en prévoyant le maintien des agents spéciaux (attaché commercial, rédacteur-traducteur, auxiliaires) que nécessitent les attributions particulières du service, on établirait une échelle des traitements afférents à chaque grade, en réalisant pour les traitements des agents inférieurs l'assimilation avec ceux des autres directions du gouvernement général. Cette mesure, qui ne constituerait pas d'ailleurs, au sens propre du mot, des améliorations de situation, mais aurait pour effet d'apporter plus de clarté dans les prévisions budgétaires, n'entraînerait, d'autre part, aucune augmentation des crédits affectés à l'office.

La mission du service, comme organe chargé de recueillir des informations pour l'Algérie et comme agent de propagande en France et à l'étranger, serait, en outre, plus clairement définie et son rôle en matière de tourisme plus expressément indiqué.

Enfin, ses divers procédés d'action : correspondances, bulletin, envoi de documents et de notices, conférences, enquêtes, expositions, etc... seraient également rappelés et précisés pour en permettre l'emploi éventuel ou simultané.

II. — Démarches et envois de renseignements effectués a la requête de l'Administration algérienne ou de particuliers habitant la Colonie.

Sans attendre qu'une partie de la redevance de la banque de l'Algérie destinée à la propagande économique et touristique ait été mise à la disposition de l'office, ni que le projet de règlement ait reçu la sanction de l'autorité supérieure, l'on s'est efforcé en 1913, de développer activement la propagande et les services d'informations en s'inspirant du programme mis à l'étude et de l'esprit du nouveau statut en préparation.

Nous exposerons d'abord brièvement quel a été, au cours de cette année, le fonctionnement de l'Office en tant que bureau chargé de fournir des renseignements à l'administration de la colonie et aux algériens ou de les représenter au sein de certaines commissions siégeant dans la capitale.

La recherche spontanée des informations de toute nature susceptibles d'intéresser l'Algérie, s'opère pratiquement, en dehors du dépouillement d'un nombre considérable de revues et de journaux français et étrangers, par des enquêtes sur place et en utilisant certains concours qui servent en même temps à la propagande que nous examinerons plus loin.

Quant aux démarches et aux renseignements provoqués par les demandes qui parviennent d'Algérie, nous renvoyons aux observations présentées dans les rapports précédents, et nous nous bornerons à rappeler que l'Office a été chargé fréquemment, soit d'assurer la distribution d'affiches, de circulaires ou de publications officielles, à des personnalités ou groupements de France et de l'étranger, soit de rechercher des documents nécessaires aux services de l'administration centrale pour l'étude des affaires algériennes et de poursuivre, de concert avec les préfets de la métropole ou avec nos représentants à l'étranger, l'instruction de diverses demandes adressées au gouvernement général.

Nous mentionnerons également que de nombreuses demandes de renseignements ont été formulées par les producteurs et commerçants algériens au sujet des débouchés ouverts à certains produits, tels que crin végétal, alfa, vins et raisins de table, huile d'olive, sapindus, cire d'abeilles, céréales et paille, cuirs et peaux, agrumes, figues sèches, dattes, primeurs, écorces à tan, lièges et essence de géranium, sur les marchés français et ceux de l'Allemagne, de la Suisse, de la Belgique, de l'Angleterre, des Pays-Bas, de la République Argentine, etc....

Nous signalerons enfin, les renseignements de toute nature donnés aux Algériens de pasage à Paris ou aux indigènes résidant en France, les concours d'admission à diverses carrières administratives algériennes qui se sont tenus dans les locaux de l'Office et le contrôle des artistes algériens titulaires de bourses d'études dans la métropole, lequel est exercé conjointement par le président de la société des orientalistes, conservateur du musée du Luxembourg, et par le directeur de l'Office de l'Algérie. Ce dernier a été appelé, en outre, à siéger dans plusieurs commissions interministérielles, telles que celle qui étudie la question des services maritimes postaux entre la France et l'Algérie.

Ces missions variées, ces démarches et ces envois de renseignements entraînent d'année en année une augmentation notable de la correspondance et du travail de l'office, ainsi que la constitution de dossiers de documentation de plus en plus importants. Mais il n'en résulte, dans les procédés employés, aucune modification appréciable qui mérite d'être signalée.

III. — ENQUÊTES ET PROPAGANDE EN FRANCE

Nous insisterons davantage sur la propagande entreprise spontanément par l'office et sur les enquêtes qu'il prend l'initiative d'instituer en France ou à l'étranger.

Cette propagande et ces enquêtes supposent une étude préalable des relations déjà existantes entre les pays considérés et l'Algérie et des rapports naturels qui paraissent appelés à développer ou à modifier ces relations dans l'avenir.

Par le fait même de son installation à Paris, c'est sur la France continentale que l'office doit tout d'abord concentrer son attention. Pour l'Algérie, l'opinion métropolitaine n'importe pas seulement en raison de sa répercussion sur les actes du gouvernement ou du parlement dans l'Afrique du nord, et en raison de la communauté des intérêts nationaux, elle importe aussi à cause de son influence sur la situation économique générale, sur la marche du peuplement et sur les progrès du tourisme.

A. — Les rapports économiques entre la France et l'Algérie

Les rapports économiques qui unissent l'Algérie à la France sont peut-être ceux qui frappent le plus les esprits avertis, soit en raison de la variété des produits échangés entre les deux rives de la Méditerranée, soit en raison de l'importance des problèmes financiers auxquels ils donnent naissance ou de la gravité de certaines crises subies par l'industrie et par l'agriculture métropolitaines. Mais ces rapports eux-mêmes dépendent de phénomènes tellement complexes qu'une étude particulièrement attentive est nécessaire pour en dégager la nature exacte et la portée véritable.

I. — LE RÔLE DE L'ALGÉRIE COMME FOURNISSEUR ET COMME CLIENT DE LA MÉTROPOLE

A. — *Participation de l'Algérie au ravitaillement de la France*

Il est peu de régions de France où n'aient pas pénétré aujourd'hui quelques produits algériens et, d'autre part, il suffit de parcourir la colonie pour constater l'abondante consommation qu'elle fait de marchandises françaises.

L'examen des statistiques douanières fournit d'ailleurs des données d'ensemble sur le rôle que joue l'Algérie comme fournisseur de la France et comme acheteur de produits métropolitains. En 1912 (1), la France a fait venir d'Algérie pour 427,263,000 francs de marchandises et bestiaux et, à son tour, la colonie s'est classée au sixième rang des pays importateurs de marchandises françaises, après l'Angleterre, l'Allemagne, les Etats-Unis, la Belgique et la Russie, mais avant l'Argentine, l'Espagne, l'Italie, le Brésil, la Suisse et les autres.

En étudiant les données qui résultent des opérations commerciales de cette année 1912, l'on voit que les principaux articles ayant alimenté cette importation d'Algérie sont les suivants :

Les vins en fûts.............	7.596.148	hect.
Les céréales	2.400.712	quint.
Les bestiaux	324.851	—
Les fruits de table.........	517.783	—
Les huiles végétales fixes....	62.413	—
Les minerais	651.838	—
Les peaux brutes	18.623	—
Les laines et déchets.......	46.976	—
Les pommes de terre, les légumes secs et leurs farines....	311.216	—

Dans chacune de ces catégories, des constatations intéressantes peuvent être faites relativement à la participation de l'Algérie et des autres pays au ravitaillement de la métropole.

Les 7,596,148 hectolitres *de vin* que la France a fait venir d'Algérie constituaient la majeure partie de son importation de vins en fûts, mais ils n'ont pourtant pas suffi aux besoins de sa consommation puisqu'elle a dû acheter ailleurs près de 1,385,000 hectolitres, qui lui ont été fournis principalement

------

(1) Dernière année pour laquelle des renseignements complets et définitifs aient été publiés en France et en Algérie.

par l'Espagne (931,253 hect.), la Tunisie (187,746 hect.), la Grèce (152,533 hect.), le Portugal (79,582 hect.) et l'Italie (13,921 hect.).

La situation a été analogue pour les *mistelles* : l'Algérie en a envoyé 56,250 hectolitres, le reste est venu de Tunisie (11,664 hect.) et d'Espagne (2,265 hect.).

Pour les *vins de liqueurs*, au contraire, les gros fournisseurs étaient la Grèce, l'Espagne, la Turquie et le Portugal. L'Algérie s'est trouvée encore loin derrière eux, avec une expédition de 1,752 hectolitres pour une importation totale française de 258,480 hectolitres.

La France demande du *froment* aux pays producteurs les plus éloignés, mais elle a en Algérie un grenier particulièrement bien approvisionné. En 1912, il en est sorti 1,203,152 quintaux qui sont venus alimenter le marché métropolitain concurremment avec les 1,263,884 quintaux de l'Australie et les 1,073,727 quintaux de la Russie. Les envois de l'Allemagne, des Etats Unis, de la Roumanie, des Indes Anglaises et de l'Argentine se sont échelonnés ensuite de 677,464 à 507,000 quintaux, tandis que la Tunisie fournissait 207,137 quintaux et que le surplus du blé nécessaire à la consommation française était acheté en Angleterre, dans la zône franche et en Belgique.

Pour *l'avoine*, les plus fortes quantités introduites en France l'ont été par la Russie (717,788 quintaux), mais l'Algérie s'est encore classée au deuxième rang, avec 469,289 quintaux; l'Argentine et la Tunisie n'ont envoyé respectivement que 356,950 et 280,118 quintaux et les Etats-Unis, les Pays-Bas et l'Allemagne des quantités inférieures à 100,000 quintaux.

Quant aux *orges*, c'est l'Algérie qui en a fait entrer la plus forte quantité, soit 612,353 quintaux, se classant nettement avant la Tunisie (317,815 quintaux) la Russie (224,498 quintaux), les Indes anglaises (59,733 quintaux) et la Roumanie (56,088 quintaux).

Mentionnons en même temps les *farines* de froment : la France en a fait venir 83,622 quintaux d'Algérie, alors qu'elle n'en a demandé que 8,838 quintaux à la Belgique, 7,419 à l'Autriche-Hongrie et 6,276 à l'Allemagne.

Le nombre des *bœufs* importés en France s'est élevé à 7,910, dont près de 5,000 en provenance d'Algérie.

Celui des *moutons* a été de 813,306, dont 777,277 amenés de la colonie.

Nous signalerons aussi les *porcs :* la métropole les importe surtout des Pays-Bas (366,222 sur 394,886 en 1912), mais parmi les petits contingents achetés sur d'autres marchés, celui d'Algérie vient en tête (13,522).

Les *mandarines* sont groupées dans les statistiques avec les chinois; les deux tiers des quantités importées en France en 1912 provenaient d'Algérie (72,752 quintaux, contre 31,700 envoyés d'Espagne et 3,400 envoyés d'Italie).

La part de la colonie est moins forte en ce qui concerne les *oranges* et citrons: elle n'en a envoyé que 31,204 quintaux en 1912, chiffre supérieur à celui des arrivages d'Italie (31,659 quintaux), mais encore très inférieur à celui des provenances espagnoles (981,524 quintaux).

En *dattes*, l'apport de l'Algérie pour l'année 1912 a été de 47,142 quintaux sur une importation totale de 106,932 quintaux.

Comme *raisins de table*, la France s'est approvisionnée de primeurs en Algérie: elle en a acheté 98,241 quintaux dans le colonie et 10,456 quintaux en Espagne.

Les *figues sèches* lui sont arrivées surtout d'Algérie (67,675 quintaux) et, en moindres quantités d'Italie (31,072 quintaux), d'Espagne (23,342 quintaux) et de Turquie (8,000 quintaux).

Ce dernier pays est le principal importateur de *caroubes* en France (140,476 quintaux en 1912), mais aussitôt après lui vient l'Algérie qui en a expédié 79,160 quintaux pendant l'année considérée.

Les importations *d'huile d'olives* en France ont atteint 297,970 quintaux dont 126,989 quintaux fournis par la Tunisie, 61,773 par l'Algérie et le reste par l'Espagne (60,577 quintaux), l'Italie (23,839 quintaux), la Grèce et la Turquie.

En ce qui concerne les *phosphates,* les achats de la France ont atteint 9,078,447 quintaux et ont porté principalement sur les provenances tunisiennes (7,082,275 quintaux) et nord-américaines (1,215,088 quintaux) mais ils ont compris aussi 318,800 quintaux de provenance algérienne.

De même pour les *minerais de fer,* les plus fortes importations provenaient d'Allemagne (8 millions 452,436 quintaux) et d'Espagne (4,680,291 quintaux), mais l'Algérie a fourni aussi 389,060 quintaux, se classant avant la Suède, la Belgique, la Norvège et l'Italie.

Pour les *minerais de zinc,* l'Algérie ne venait qu'au sixième rang pour les expéditions dans la métropole, après l'Italie, l'Australie, l'Espagne, l'Indo-Chine et la Tunisie. Ses envois, en 1912, représentaient cependant 97,920 quintaux; ceux des pays précités s'échelonnaient de 407,610 à 108,836 quintaux.

La France importait la même année plus de 530,000 quintaux de *peaux* dites *grandes,* pour lesquelles elle faisait appel aux marchés européens et à ceux de l'Amérique du Sud, de Madagascar, de l'Extrême-Orient et des Indes; l'Algérie n'a fourni qu'un peu plus de 9,000 quintaux.

C'est au chiffre voisin de 8,114 quintaux que se sont élevés ses envois de *peaux de chèvre ;* mais pour cet article, elle s'est classée au quatrième rang, après les Indes anglaises (18,879 quintaux), à peu près sur la même ligne que l'Espagne (8,878 quintaux) et le Maroc (8,277 quintaux) et avant la Turquie, la Russie, la Grande-Bretagne, l'Allemagne, l'Autriche-Hongrie, et les autres pays producteurs de moindre importance.

En *peaux de moutons*, béliers et brebis, l'Algérie a envoyé 1,061 quintaux sur les 19,800 qu'a reçus la France, les principales entrées provenant de l'Argentine, de l'Italie, de la Suisse, de la Belgique, de l'Espagne et du Chili.

Les *laines en masse* représentaient pour la métropole une importation de 2,623,567 quintaux, à laquelle ont contribué d'abord l'Argentine et l'Australie, avec 886,570 et 855,188 quintaux, puis l'Angleterre et l'Uruguay, avec 364,710 et 166,327 quintaux, l'Espagne et les Indes anglaises, avec 79,893 et 54,144 quintaux. L'Algérie arrivait ensuite avec une fourniture de 46,895 quintaux; après elle, se classaient l'Italie, le Chili, les possessions anglaises de l'Afrique occidentale, avec des envois d'environ 25,000 quintaux, puis l'Egypte, la Turquie et le Maroc (de 20,000 à 10,000 quintaux).

Enfin l'Algérie a expédié en France 290,318 quintaux de *pommes de terre* au cours de l'année 1912. La Belgique et l'Espagne ont seules fourni des quantités plus importantes (962,830 quintaux et 326,472 quintaux); les envois totalisés des autres pays (Allemagne, Grande-Bretagne, Pays-Bas, Italie) n'ont pas atteint 95,000 quintaux.

Ces observations pourraient être étendues à d'autres marchandises dont la métropole s'approvisionne en Algérie pour la plus grande part, comme les *lièges* bruts (8,163 quintaux sur 11,778 en 1912), mais limitées à ces principaux articles, elles donnent, quoique basées sur les chiffres d'une seule année, un aperçu suffisamment exact de la proportion dans laquelle la colonie contribue actuellement au ravitaillement de la France.

Elles dégagent les quelques données enssentielles qu'il importe de vulgariser des deux côtés de la Méditerranée, aussi bien pour renseigner sur les ressources variées du sol algérien, le consommateur français si préoccupé, à juste titre, des difficultés de son alimentation et de l'élévation croissante du prix des denrées, que pour guider les producteurs de la colonie en retenant leur attention sur l'opportunité de donner à leurs exploitations le développement et l'orientation que comporte la situation du marché métropolitain.

Elles éclairent singulièrement l'étude des projets de revision du tarif douanier dont la répercussion favorable ou défavorable aux intérêts algériens apparaît avec plus d'évidence. Elles peuvent enfin fournir une base rationnelle à notre propagande commerciale en permettant de dresser la liste des ports maritimes, des centres de consommation et des principaux marchés de l'intérieur sur lesquels doivent porter nos enquêtes et nos campagnes de vulgarisation.

B. — *Importance du marché algérien pour les exportateurs français*

L'examen des exportations de la France fait ressortir également la part importante prise par l'Algérie dans la consommation des produits métropolitains. En 1912, l'Algérie s'est classée au quatrième rang parmi les clientes des exportateurs français avec une somme d'achats représentant une valeur de 568,488,000 francs. Elle venait après l'Angleterre, la Belgique et l'Allemagne, mais laissait derrière elle les Etats-Unis, la Suisse, l'Italie, l'Argentine, l'Espagne, la Tunisie et les autres pays consommateurs.

Les principaux articles sur lesquels ont porté, en 1912, ces ventes de la France à l'Algérie sont les suivants :

	Quintaux
Les colis postaux	82.529
Les tissus de coton	169.578
Les outils et ouvrages divers en métaux	440.993
Les voitures automobiles	90.998
Les meubles et ouvrages divers en bois	1.020.580

Les machines et mécaniques diverses.	158.550
Les sucres bruts ou raffinés.........	131.397
La lingerie, les vêtements et articles confectionnés.....................	13.196
Le papier et ses applications........	152.353
Les peaux préparées................	19.911
Les produits chimiques.............	521.865
Les fontes, fers et aciers...........	770.500
La parfumerie et les savons........	168.939
Les huiles végétales fixes...........	128.271
Les poteries, les verres et les cristaux	296.082

Pour chacune de ces catégories il est intéressant d'étudier l'importance que représentent les débouchés algériens pour les exportateurs français comparativement aux débouchés de l'étranger ou des autres colonies françaises.

Les *colis postaux* envoyés hors de France en 1912 ont été, pour la plus grande part, dirigés sur l'Algérie (82.529 quintaux) et sur l'Allemagne (70.432 quintaux), puis sur la Suisse (25.674 quintaux), l'Italie (23.046 quintaux), la Tunisie (20.903 quintaux) et la Belgique (16.975 quintaux).

Parmi les *tissus de coton* qu'exporte la France, la catégorie des *tissus de coton pur unis, croisés ou coutils* trouve en Algérie un débouché particulièrement intéressant, comme on peut en juger par le tableau de l'exportation en 1912 des quatre principaux articles ci-dessous, dont la valeur au quintal est évaluée de 335 à 495 francs :

Blanchis ou fabriqués avec des fils blanchis		Ecrus		Teints		Imprimés autres que les mouchoirs et foulards	
Quintaux		Quintaux		Quintaux		Quintaux	
ALGÉRIE	68.902	ALGÉRIE	36.486	ALGÉRIE	42.906	Madagascar	2.583
Indo-Chine	25.482	Madagascar	26.792	Indo-Chine	25.063	ALGÉRIE	1.053
Tunisie	7.430	Indo-Chine	19.444	Grande-Bretagne	15.563	Grande-Bretagne	1.015
Madagascar	4.606	Belgique	5.907	Madagascar	14.902	Belgique	672
Belgique	3.872	Tunisie	2.476	Belgique	11.283		
Grande-Bretagne	1.442	Grande-Bretagne	2.182	Argentine	10.215		
Suisse	1.289	Allemagne	1.163	Etats-Unis	10.032		
Etats-Unis	1.084			Turquie	9.050		

L'Algérie s'est également classée comme la première cliente de la métropole dans plusieurs autres catégories de tissus de coton, telles que les *couvertures* (3.450 quintaux) et la *bonneterie* (3.428 quintaux) qui représentent, comme valeur moyenne, 200 francs et 1,625 francs au quintal.

La part de la colonie dans le commerce métropolitain d'exportation apparaît non moins prépondérante pour les *outils et ouvrages divers en métaux*. Voici, par exemple, le relevé de quatre séries d'articles estimés de 27 à 50 francs le quintal :

Coussinets Tuyaux cylindriques		Ferronnerie Constructions mécaniques en fer ou en acier		Petits ouvrages divers		Ancres, Cables, Chaines	
	Quintaux		Quintaux		Quintaux		Quintaux
ALGERIE	132.318	ALGERIE	57.855	ALGERIE	87.956	ALGERIE	13.037
Tunisie	5.563	Tunisie	23.971	Belgique	10.798	Belgique	3.039
Indo-Chine	5.457	Indo-Chine	23.407	Allemagne	6.598	Indo-Chine	2.729
Belgique	4.504	Sénégal	22.226	Argentine	4.532		
		Madagascar	19.075	Suisse	4.463		
		Brésil	17.413				

Clous	Pointes en fil de fer ou acier	Vis, pitons, boulons et écrous	Tubes peints, polis etc.
Quintaux	Quintaux	Quintaux	Quintaux
ALGERIE....... 11.204	ALGERIE........ 7.050	ALGERIE....... 32.808	ALGERIE...... 16.544
Indo-Chine...... 2.315	Indo-Chine....... 5.653	Indo-Chine...... 7.969	Belgique........ 6.944
Suisse.......... 2.309	Belgique......... 4.390	Tunisie......... 7.139	Indo-Chine..... 4 356
Belgique........ 1.637	Grande-Bretagne. 2.435	Italie............ 4.093	

Voici encore d'autres ouvrages en métaux évalués au quintal de 30 à 59 francs pour les trois premiers et 145 francs pour les tubes :

On pourrait encore citer les *ouvrages en plomb* (valeur : 55 francs le quintal), pour lesquels l'Algérie arrive en tête avec 6,830 quintaux, alors qu'aucun des autres acheteurs (Indo-Chine, Belgique et Tunisie), n'atteint 2,000 quintaux, ou les *articles de ménage émaillés unis* (valeur : 160 francs le quintal), pour lesquels la colonie se classe au deuxième rang avec 11,363 quintaux, après la Belgique (15,386 quintaux), tandis que Madagascar, l'Argentine et la Tunisie qui viennent ensuite, n'importent respectivement que 5,176, 4,386 et 3,869 quintaux.

Pour les *voitures automobiles,* dont la douane fixe approximativement la valeur moyenne à 900 francs le quintal, les plus forts envois de la France ont été dirigés sur la Grande-Bretagne et la Belgique (60,765 et 55,790 quintaux) ; l'Algérie a été le troisième acheteur, avec un poids de 21,802 quintaux ; le reste de l'exportation est allé surtout en Allemagne, en Argentine et au Brésil (17,699, 14,937 et 11,994 quintaux).

Si l'on envisage l'exportation des *meubles et ouvrages en bois,* on remarque que les *sièges* (valeur : 200 francs le quintal), vont en Algérie (2,606 quintaux), en Belgique (1,785 quintaux) et en Suisse 1,438 quintaux) ; de même les *meubles en bois courbé* (même valeur) : l'Algérie en achète 1,863 quintaux, l'Egypte 1,413 et les Etats-Unis 1,083. Les *autres meubles* (même valeur), sont expédiés en proportion à peu près équivalente sur la Belgique, l'Algérie et l'Argentine (15,311, 15,068 et 15,039 quintaux) ; la Grande-Bretagne en reçoit 12,955 quintaux).

Dans la catégorie des *machines et mécaniques,* il convient de remarquer l'importance des achats de l'Algérie en machines agricoles et en machines pour la minoterie, dont le tableau suivant résume les principales exportations de France en 1912 :

Machines pour l'agriculture (évaluées à 120 francs le quintal)	Machines pour la minoterie (évaluées à 90 francs le quintal)
ALGÉRIE... 31.728 quint.	ALGÉRIE... 29.382 quint.
Belgique.... 19.115 —	Belgique.... 9.293 —
Italie........ 9.001 —	

L'Algérie a encore tenu une des premières places dans les achats de *machines fixes, de navigation et pompes* (3,262 quintaux évalués 120 francs le quintal, contre 2,488 quintaux reçus par la Belgique et 1,621 quintaux reçus par l'Italie); de *locomobiles* 1,123 quintaux évalués 150 francs le quintal, contre 1,237 quintaux achetés par la Belgique); de *machines hydrauliques* (4,131 quintaux évalués 120 francs le quintal, contre 4,615 quintaux envoyés en Belgique); de *chaudières* (4,391 quintaux évalués 75 francs le quintal; de *locomotives* (5.617 quintaux évalués 170 francs le quintal, contre 8.023 quintaux expédiés en Indo-Chine) et de *pièces détachées* (9.457 quintaux évalués 66 francs le quintal, alors que la Belgique a acheté 9.572 quintaux et l'Espagne 6.601 quintaux).

L'exportation française des *sucres* trouve en Algérie son principal débouché, tout au moins en ce qui concerne les *sucres raffinés* en pains ou agglomérés (valeur : 48 francs le quintal), dont voici la répartition en 1912 :

	quintaux
ALGÉRIE	386.100
Maroc	361.250
Suisse	181.900
Tunisie	114.670
Grande-Bretagne	80.140
Uruguay	61.900

Pour les *sucres indigènes de France* (valeur :
39 francs le quintal), le principal client est la
Grande-Bretagne (111.110 quintaux), mais l'Algérie
vient ensuite avec 29.130 quintaux; la Suisse se
classe au troisième rang avec 6.920 quintaux; pour
les *vergeoises* (valeur : 40 francs le quintal), l'Algérie, avec 17.020 quintaux, se classe après la Tunisie (19.660 quintaux), avant le Sénégal (14.570 quintaux) et l'Indo-Chine (12.710 quintaux). Sa consommation en *sucres des colonies françaises* (valeur :
42 francs le quintal) est moins importante (2.150
quintaux, contre 11.260 quintaux achetés par la
Grande-Bretagne et 5.030 quintaux par la Belgique).

Parmi les différents articles réunis sous la rubrique « *lingerie, vêtements et articles confectionnés* »,
ce sont les *vêtements confectionnés pour hommes*
(valeur : 1,538 francs le quintal), qui sont surtout
écoulés en Algérie. En 1912, la colonie en a reçu
6.159 quintaux, la Turquie 1.169 quintaux et la
Suisse 1.028 quintaux. La colonie a reçu également
2.411 quintaux *d'articles confectionnés non spécialement dénommés* (valeur : 975 francs), contre
2.008 quintaux dirigés sur la Grande-Bretagne.

Le commerce du *papier* et de ses applications
exporte de son côté beaucoup d'articles en Algérie.
Voici, par exemple, comment ont été réparties les
expéditions faites en 1912 de *papiers autres que de
fantaisie* (valeur : 95 francs le quintal) :

	quintaux
ALGÉRIE	128.532
Égypte	40.623
Grande-Bretagne	38.595
Etats-Unis	26.021
Belgique	25.685
Tunisie	22.103

Enfin, comme *peaux ouvrées*, ce sont principalement les *peaux ouvrées autres que de chèvre, mouton, agneau, mégissées* (valeur: 500 francs le quin-

tal) qu'achète l'Algérie. Elle en a reçu 11.576 quintaux en 1912, contre 5.770 envoyés en Grande-Bretagne, 5.659 en Belgique et 4.389 en Allemagne. Elle absorbe, en outre, une notable partie de l'exportation des *peaux hongroyées* (valeur : 950 francs le quintal), soit 2.199 quintaux, des *peaux corroyées de vache* (valeur : 750 francs le quintal), soit 2.091 quintaux, et des *chaussures en peau* (valeur : 1,350 francs), soit 2.870 quintaux.

On pourrait encore rappeler les quantités considérables de *produits chimiques*, de *fontes, fers* et *aciers* (rails, roues, essieux) de *savons*, d'*articles de parfumerie*, d'*huiles végétales diverses*, de *poteries*, de *verres* et de *cristaux*, que l'Algérie demande tous les ans à la métropole, mais les chiffres que nous avons énumérés ci-dessus ne suffisent-ils pas à démontrer l'importance primordiale que présente le marché algérien pour les branches les plus variées du commerce métropolitain d'exportation et pour toutes les industries qui alimentent le commerce ?

En vulgarisant de plus en plus ces données, par la publicité directe du *Bulletin*, par la publicité indirecte de la presse et des personnalités ou groupements qui le reçoivent, par l'affiche et par la conférence, l'on fera mieux comprendre combien, dans leur ensemble, les commerçants, les industriels et les ouvriers français sont manifestement intéressés, non seulement au maintien scrupuleux de l'assimilation douanière qui a permis aux échanges franco-algériens de prendre un tel développement, mais aussi à la conservation des remarquables résultats de notre colonisation et aux progrès nécessaires de l'outillage économique de la France nord-africaine.

II. — L'ALGÉRIE ET LA PROSPÉRITÉ DE LA MARINE MARCHANDE NATIONALE

S'il est une industrie nationale dont la prospérité soit plus particulièrement intéressée au développement de l'Algérie, c'est bien celle de la marine marchande.

L'examen des statistiques nous fournit encore à cet égard d'intéressantes constatations. Lorsque nous avons passé en revue les principaux articles échangés entre la France et l'Algérie, nous avons retenu seulement les chiffres du commerce spécial, c'est-à-dire ceux qui concernent uniquement les marchandises produites dans le pays expéditeur et les marchandises consommées dans le pays destinataire. Mais si l'on tient compte du transit et des réexportations, l'on obtient un tonnage de marchandises transportées bien plus élevé. C'est ainsi qu'en étudiant le commerce maritime pour 1912, l'on se rend compte que l'Algérie a procuré au pavillon national, au cours de cette année, un fret de 2,389,811 tonnes, alors que le fret total sous pavillon français est évalué à 9,755,420 tonnes (1).

Le classement des dix principaux pays qui ont alimenté ce fret, s'établit ainsi, au point de vue de l'importance du tonnage des marchandises transportées sous pavillon français entre eux et la France :

Algérie	2.389.811	tonnes (2)
Grande-Bretagne	2.313.591	—
Etats-Unis	605.146	—
Tunisie	573.437	—
Pays-Bas	412.811	—
Argentine	362.926	—

(1) Ce fret total ne comprend que le fret au départ de France et à l'arrivée en France; il ne comprend pas notamment le cabotage en France. Le fret de 2.389.811 tonnes attribuable à l'Algérie ne comprend, ni le cabotage algérien, ni le fret au départ d'Algérie ou à l'arrivée en Algérie pour les destinations ou les provenances autres que la France.

(2) Dont 935.526 tonnes à destination de la colonie et 1.454.285 tonnes en provenance de la colonie.

Allemagne .... 297.058 —
Indo-Chine .... 238.845 —
Tunisie .... 234.814 —
Espagne .... 216.555 —

Là encore, par conséquent, l'Algérie tient une place prépondérante et le trafic qu'elle ocacsionne fournit, indépendamment même du mouvement des voyageurs, une appréciable source de revenus à nos compagnies de navigation. Le bénéfice n'est pas moindre, d'ailleurs, pour les compagnies de chemins de fer.

L'importance du fret est due manifestement au monopole du pavillon, qui, dans un but d'intérêt national, impose l'emploi de navires français pour les relations entre la métropole et l'Algérie. La colonie, dans l'état actuel de son développement économique et par le fait de sa situation géographique, supporte bien plus lourdement que la France les charges qui résultent de ce monopole, et notamment l'élévation des cours. Il est bon de faire connaître dans les milieux métropolitains, cette contribution patriotique que l'Algérie apporte ainsi tous les ans aux charges de la marine marchande nationale en vue de maintenir la prospérité nécessaire de cet élément essentiel de notre situation mondiale.

En raison de ce concours direct et indirect que la colonie fournit à notre navigation marchande par ses envois et réceptions de marchandises et par la charge du monopole du pavillon, les revendications formulées par les producteurs et négociants algériens au sujet des questions de transports maritimes méritent d'être examinées avec une attention, sinon avec une bienveillance particulière. En 1913, l'office a maintes fois été appelé à fournir des renseignements sur ces différentes questions, qui, dans cet ordre d'idées, ont fait l'objet d'études et de discussions dans la presse ou au parlement, telles que les clauses d'exonération dans les connaissements, le comptage des primeurs, le retour des emballages, ctc... et nous rappellerons, en outre, que la commission des services maritimes postaux dont fait partie le directeur de l'office s'est réunie fréquemment cette année au sous-secrétariat d'Etat de la marine marchande.

III. LA SITUATION RÉELLE ET L'AVENIR DE LA PRODUCTION EN ALGÉRIE. — LA PUISSANCE DE CONSOMMATION DE LA COLONIE.

Mais, à côté des indications essentielles qui se dégagent de l'examen des statistiques il y a place pour une étude plus approfondie des conditions économiques qui rendent étroitement solidaires la France et l'Algérie. Les statistiques, en effet, présentent d'année en année des variations sensibles, dont il n'est pas toujours aisé de reconnaître les causes exactes; les chiffres accusés par les documents douaniers ne sont, en outre, connus que tardivement; enfin, ils contiennent fatalement une certaine part d'erreur, provenant, soit du dédouanement à leur entrée en France de certaines marchandises étrangères, qui sont ensuite enregistrées comme françaises à leur arrivée en Algérie, soit de la réception en France de certains produits algériens, lesquels, après classement et réemballage, sont ensuite réexportés à l'étranger (1).

Il convient donc de chercher à se rendre compte de la situation véritable et des perspectives d'avenir en envisageant particulièrement le mouvement de la production algérienne. Indépendamment des conclusions que l'on peut en tirer pour l'étude de la situation financière de l'Algérie et de ses relations budgétaires avec la mère-patrie, cette recherche présente le plus grand intérêt pour l'appréciation du rôle qu'elle est appelée à jouer dans les destinées économiques de la métropole.

---

(1) Nous citerons notamment, les dattes qui sont expédiées d'Algérie à Marseille où elles sont mises en caisses et expédiées sur différentes directions, en Angleterre principalement.

A). — *Le mouvement des principales productions et les disponibilités à prévoir pour l'exportation vers la métropole.*

L'importation des *vins* algériens en France a fait l'objet au cours de ces dernières années, d'une campagne d'autant plus étrange que, basée sur le chiffre élevé de la production du vin dans les départements nord-africains, elle émanait précisément des départements méridionaux dont la production est de beaucoup supérieure (1); cette campagne, qui ne tendait à rien de moins qu'à déchirer l'union douanière franco-algérienne en taxant à l'entrée dans la métropole une partie des vins de la colonie, ou à introduire dans le régime fiscal de cette dernière au mépris de l'autonomie budgétaire établie par la loi du 19 décembre 1900, des dispositions spécialement dirigées contre les viticulteurs, s'est progressivement ralentie devant les protestations unanimes des représentants de l'Algérie, des consommateurs et des commerçants français. Plus encore que les discussions, forcément stériles, sur les charges réelles que supporte comparativement la vigne dans la métrople et en l'Algérie, l'examen attentif des disponibilités de la production dans ce dernier pays, aurait dû pourtant suffire à calmer l'émotion légitime que peut faire naître la crainte de la surproduction.

Il est facile de dégager ces disponibilités de la production en considérant le tableau ci-dessous qui se réfère aux années écoulées depuis 1903 :

---

(1) Production moyenne des trois départements algériens de 1902 inclus à 1912 inclus, 7.343.330 hectolitres.

Production moyenne au cours de la même période du seul département de l'Hérault, 10.053.218 hectolitres.

Années	Vignes en rapport en Algérie	Production en vin	Cours des vins	Exportations totales	Exportations sur la France
	hectares	hectolitres	francs	hectolitres	hectolitres
1903	154.221	6.589.360	22 00	4.794.499	4.767.171
1904	159.602	7.630.157	17 50	5.434.869	5.403.938
1905	164.269	7.051.821	8 00	4.900.804	4.816.129
1906	174.095	7.347.149	8 50	5.450.019	5.385.570
1907	176.936	7.853.321	10 80	6.026.401	5.878.669
1908	153.622	7.803.734	10 70	6.457.374	6.347.639
1909	154.456	8.228.719	13 50	6.156.180	6.047.140
1910	145.633	8.413.654	28 00	7.048.397	6.953.816
1911	145.026	8.833.677	26 00	7.350.072	7.273.486
1912	(1)	6.671.181	29 00	7.521 446	7.387.533
1913		7.430.738		4.758.562	4.626.972

(1) La superficie totale était de 166,106 hectares.

Année	Excédent de la production sur l'exportat'on	Importations en Algérie
	hectolitres	hectolitres
1903	1.794.861	5 546
1904	2.195.288	2.802
1905	2.151.017	4.523
1906	1.897.130	4.158
1907	1.826.920	3.579
1908	1.349.360	2.714
1909	2.072.539	2.732
1910	1.365.257	2.649
1911	1.483.605	1.642
1912	880.285	21.945
1913		15.433

Comme on le voit, l'augmentation de la production n'est pas telle qu'on l'a dit (1). Elle est sujette à des fluctuations, comme en 1912, où elle est redescendue à ce qu'elle était en 1903, à une centaine de milliers d'hectolitres près. Elle n'est pas, d'autre part, en corrélation régulière avec l'augmentation des superficies en rapport, ce qui démontre que toute restriction apportée à la liberté des plantations n'aurait qu'une efficacité relative.

La marche du phylloxéra, le progrès des autres cultures, l'étendue limitée des terrains propres à la viticulture, enfin l'insuffisant attrait que peuvent offrir aux planteurs, des cours aussi réguliers que ceux indiqués ci-dessus, toutes ces causes semblent

---

(1) La production vinicole algérienne atteignait déjà 5.639.820 hectolitres en 1900 et 4.108.069 hectolitres en 1891.

bien devoir éviter à l'Algérie l'erreur d'une production vinicole exagérée. Mais alors même que les vignes algériennes seraient appelées à s'étendre et à produire davantage, il n'en résulterait pas nécessairement un encombrement du marché métropolitain. Le tableau ci-dessus donne, comparativement, les chiffres de l'exportation totale et de l'exportation sur la France, et permet ainsi de déduire l'existence d'une exportation, assez faible il est vrai, mais appréciable pourtant, sur l'étranger. L'étude des documents statistiques des autres pays nous autorise, d'ailleurs, à affirmer que cette exportation est en réalité plus importante et que de notables quantités achetées par la France ne font qu'y passer pour aller alimenter les pays voisins. Or, le fait que cette exportation vers l'étranger n'est nullement proportionnelle à la production (pour la période envisagée dans le tableau ci-dessus, l'exportation à l'étranger a atteint son maximum, soit 1.97 0/0 en 1907 et seulement 0.89 0/0 en 1911, alors que les années 1910 et 1911 sont les années de plus forte production), souligne le rôle complémentaire qu'elle pourrait jouer si les circonstances le rendaient nécessaire. Jusqu'à présent, lorsque l'étranger a développé ses achats en vins d'Algérie, ce n'a pas été précisément à cause d'une production plus abondante dans la colonie, ç'a été parce que la production étant plus abondante dans la métropole, une plus grande partie des stocks algériens devenait disponible, ou bien par suite de circonstances exceptionnelles qui provoquaient une plus ample consommation dans le pays considéré. On peut donc dire que le marché français a besoin des vins algériens. La colonie a d'ailleurs compris l'intérêt qu'elle a accroître parallèlement son exportation à l'étranger et elle a réussi, de 1903 à 1913, à y développer ses ventes dans la proportion de 422 % ; elle s'est surtout attachée à s'y créer une clientèle de plus en plus nombreuse et ses vins qui, en dehors de la France, n'étaient connus en 1902 que par une dizaine de pays situés en Europe ou dans son voisinage méditerranéen, se sont dirigés, en 1912, sur vingt à vingt-cinq pays étrangers qui comprenaient, outre les acheteurs habituels, des pays situés dans les deux Amériques, dans les Indes et en Extrême-Orient.

Enfin, il ne faut pas négliger entièrement la consommation algérienne. Celle-ci est assez difficile à préciser : elle est restreinte évidemment à la population européenne, et encore une partie de celle-ci, d'origine espagnole, boit relativement peu de vin. Elle est influencée, en outre, comme partout, par les fluctuations du prix de cette boisson. En déduisant, pour les trois années 1905, 1906 et 1907, d'une part, et pour les trois années 1910, 1911 et 1912, d'autre part, le chiffre de la production et des importations réunies du chiffre de l'exportation, et en comparant la moyenne annuelle du stock ainsi obtenu pour chacune de ces périodes de trois ans, avec les recensements correspondants de 1906 et de 1911, on obtiendrait, par tête d'habitant européen, une consommation annuelle d 2 h. 808 pour la période 1905-1906-1907 (cours de l'hectolitre : 9 fr. 09) et de 0 h. 81 pour la période 1910-1911-1912 (cours de l'hectolitre : 27 fr. 66). Comme il est peu vraisemblable d'admettre une diminution progressive de la consommation, sauf le cas d'une élévation exagérée du prix du vin, il semble rationnel d'admettre que l'augmentation continue de la population, même en s'en tenant à la seule population européenne, fournira dans l'avenir un débouché naturel à une partie de la production locale, sans qu'il soit utile de recourir, pour alimenter cette population, aux vins d'importation, comme le fait s'est produit en 1912.

Pour les autres produits d'alimentation que l'Algérie envoie dans la métropole, personne ne s'est avisé de dénoncer une surproduction possible et tout le monde se félicite, au contraire, d'une importation qui diminue d'autant le tribut que la France paye à l'étranger pour un grand nombre d'articles. Mais on est généralement peu renseigné sur l'importance des ressources à attendre de la production de l'Algérie et sur les conditions qui sont nécessaires au développement de cette production.

Prenons, par exemple, les *céréales* pour lesquelles nous avons rappelé plus haut la part comparative des importations algériennes et étrangères en France. Nous avons groupé, dans le tableau ci-dessous, par périodes quinquennales de 1871 à 1910 et pour les années 1911 et 1912 le mouvement des cultures et de la production du *blé* chez les colons et chez les indigènes d'Algérie.

CULTURE ET PRODUCTION DU BLÉ EN ALGÉRIE
DE 1871 à 1872
par périodes quinquennales de 1871 à 1910 et pour les années 1911 et 1912

Périodes Quinquennales (Années)	EUROPÉENS ET INDIGÈNES — Superficie totale cultivée — Moyenne (Hectares)	Production totale — Moyenne (Quintaux)	Rendement moyen à l'hectare (Quintaux)	EUROPÉENS — Superficie moyenne (Hectares)	Production moyenne (Quintaux)	Rendement moyen à l'hectare (Quintaux)	INDIGÈNES — Superficie moyenne (Hectares)	Production moyenne (Quintaux)	Rendement moyen à l'hectare (Quintaux)	POPULATION — Année du recencement	Population totale	Proportion de blé par tête d'habitant (Quintaux)
1871-1875	1.044.346	5.533.645	5.3	182.396	1.460.612	8	861.950	4.073.033	5.4	1876	2.897.675	1.96
1876-1880	1.295 733	5.680.432	4.4	213 423	1.577.580	7.4	1.082.310	4.102.852	3.7	1881	3.254.932	1.74
1881-1885	1.319.402	6.466.554	4.9	271.810	1.786.631	6.5	1.047.592	4.679.023	4.4	1886	3.752.037	1.72
1886-1890	1.227.468	6.202.216	5	244.563	1.750.741	7.1	982.905	4.451.475	4.5	1891	4.107.987	1.51
1891-1895	1.289.936	6.719.976	5 2	250.142	1.752.666	7	1.039.794	4.967.310	4.7	1896	4.359.578	1.54
1896-1900	1.280.943	6.847.205	5.3	285.551	1.905.150	6.9	995.392	4.882.055	4.9	1901	4.723.088	1.44
1901-1905	1.360.444	8.232.097	6	324.217	2.540.366	7.8	1 036.224	5.691.731	5.4	1906	5.158.051	1.59
1906-1910	1.388.066	9.103.665	6.5	417.408	3.637.360	8.7	970.658	5.466.305	5.6	1911	5.563.828	1.63
1911	1.386.770	10.716.112	7.7	449.099	4.478.474	9.9	937.671	6.237.638	6 6	id.	id.	1.92
1912	1.462.714	7.395.012	5.05	»	»	»	»	»	»	id.	id.	1.33

La première impression qui se dégage de ce tableau, c'est l'augmentation de la production : elle a presque doublé depuis la période 1871-1875.

Cette augmentation de la production est due principalement à l'augmentation du rendement, car les superficies cultivées ne se sont pas développées proportionnellement.

Le rendement s'est amélioré, même chez les indigènes, ce qui prouve que ces derniers influencés par les exemples de la colonisation et par les encouragements de l'administration substituent, petit à petit, à leurs modes de cultures trop primitifs, nos machines et nos procédés agricoles. Mais chez eux l'étendue des cultures n'offre aucune fixité ; elle a augmenté, si on la compare à ce qu'elle était en 1871-1875; mais entre cette époque et l'époque actuelle, elle a atteint des chiffres supérieurs et sa courbe se caractérise par des variations brusques dont la cause doit être cherchée dans le manque d'avances qui, en année mauvaise, empêche le petit cultivateur indigène de se procurer la semence, plutôt que dans les mutations de la propriété foncière.

Chez les européens, au contraire, l'on constate une progression à peu près constante, des emblavures. Un léger recul coïncidant avec les périodes 1886-1890 et 1891-1895, a été regagné aussitôt après et depuis lors l'augmentation a été continue. L'amélioration du rendement, avec des fléchissements qui s'expliquent par les années de récoltes déficitaires, s'est accusée nettement depuis 1906. Elle est d'autant plus intéressante à proclamer qu'elle résulte de l'adoption d'une méthode scientifique, en vue de rendre la culture plus intensive dans les terres déjà exploitées et de la rendre possible dans les régions jusqu'ici délaissées en raison de l'irrégularité des précipitations atmosphériques.

Cette augmentation croissante du rendement et de la production du froment serait tout à fait rassurante pour l'approvisionnement des marchés métropolitains et pour la prospérité des cultivateurs algériens, s'il n'était nécessaire de mettre en regard l'accroissement simultané des populations indigène et européenne. Si l'on compare ainsi les quantités de blé produites en 1871-1875 et en 1906-1910 avec le nombre des habitants de la colonie à ces deux époques, on voit que la proportion par tête d'habitant a plutôt diminué. Il faut noter, d'autre part, que le cours moyen du blé, depuis 1871, s'est toujours tenu entre 22 et 30 francs le quintal; rien n'autorise la prévision, pour l'avenir, d'une moyenne supérieure à celle-ci, malgré la bonne tenue des cours depuis deux ou trois ans. Enfin, l'augmentation de la consommation locale pourrait, dans une mesure à déterminer, absorber l'augmentation de la production.

Les disponibilités pour l'exportation sont déjà restreintes. L'Algérie n'envoie à l'étranger que des quantités relativement faibles de froment, et elle n'en expédie chaque année en France que 1,200.000 quintaux, soit environ le huitième de sa production moyenne.

D'autre part, elle importe des farines, et il ne serait pas surprenant que le développement, sinon du nombre, tout au moins de l'outillage des minoteries ait pour conséquence de retenir dans la colonie une plus grande quantité de céréales en grains.

Nous donnons, ci-dessous, le tableau du mouvement des farines (importation-exportation) et du nombre des moulins existant en Algérie depuis 1903 :

Années	Importation des farines de froment en Algérie	Exportation des farines de froment hors de l'Algérie	Nombre des moulins à farine en Algérie	
			Européens	Indigènes
1903	62.741	97.700	743	3.358
1904	47.176	93.816	789	3.393
1905	52.506	88 978	796	4.111
1906	99.320	47.590	797	3 453
1907	54 958	100.956	816	3.637
1908	57.017	64.389	844	4.320
1909	94.045	40.828	861	4.220
1910	44.648	162.474	884	3 842
1911	26.146	117.370	905	3.820
1912	38.381	194.601	»	»

Si l'on examine la culture et la production de *l'orge*, l'on est amené à faire des constatations tout à fait analogues, ainsi que l'établit le tableau ci-après :

CULTURE ET PRODUCTION
DE 1871
par périodes quinquenales de 1871

Périodes Quinquennaies	EUROPÉENS ET INDIGÈNES			EUROPÉENS		
	Superficie totale cultivée — Moyenne	Production totale — Moyenne	Rendement moyen à l'hectare	Superficie moyenne	Production moyenne	Rendement moyen à l'hectare
Années	Hectares	Quintaux	Quintaux	Hectares	Quintaux	Quintaux
1871-1875	1.135.808	7.218.112	6.3	94.635	837.613	8.8
1876-1880	1.384.609	7.209.667	5.3	93.026	731.230	7.8
1881-1885	1.527.773	8.041.379	5.2	120.205	1.040.889	8
1886-1890	1.388.331	8.556.277	6.1	110.681	999.371	9
1891-1895	1.437.026	8.680.325	6	116.423	956.280	8.2
1896-1900	1.363.814	8.100.284	5.9	130.272	1.120.228	8.6
1901-1905	1.364.342	8.649.485	6.3	132.396	1.187.702	8.9
1906-1910	1.342.535	9.671.954	7.2	148.025	1.593.857	10.7
1911	1.383.464	10.605.022	7.6	477.166	2.170.777	12 3
1912	1.388.212	7.160.202	5.1	»	»	»

DE L'ORGE EN ALGÉRIE
A 1912
à 1910 et pour les années 1911 et 1912.

INDIGÈNES			POPULATION		Proportion d'orge par tête d'habitant
Superficie moyenne	Production moyenne	Rendement moyen à l'hectare	Année du Recensement	Population totale	
Hectares	Quintaux	Quintaux			Quintaux
1.041.173	7.380.399	6,1	1876	2.807.675	2.57
1.291.583	6.478.437	5	1881	3.254.982	2.21
1.398.568	7.000.490	5	1886	3.752.037	2 14
1.277.650	7.556.906	5.9	1891	4.107.987	2.08
1.320.603	7.724.045	5.8	1896	4.359.578	1.99
1.233.542	6.986.056	5.6	1901	4.723.088	1.71
1.231.946	7.461.783	6	1906	5.158.051	1.67
1.194.510	8.078.097	6.7	1911	5.563.828	1.70
1.206.288	8.425.245	7	id.	id.	1.87
»	»	»	id.	id.	1.26

Comme pour les blés, on voit donc qu'il y a augmentation de la production, surtout depuis une dizaine d'années, et que cette augmentation est due principalement à l'amélioration des rendements qui se manifeste même chez les indigènes. Ces derniers apportent plus de régularité dans la culture de l'orge que dans celle du blé. Si les superficies qu'ils ont semées en orge ont peu progressé depuis 1871-1875, restant même inférieures à l'étendue atteinte pendant la période 1881-1885, elles se sont néanmoins constamment maintenues à des chiffres supérieurs aux maxima constatés pour le blé. Chez les européens, la progression des superficies cultivées est notable et l'amélioration du rendement importante. Mais, ici encore, si nous comparons la production à la population, nous devons reconnaître que la proportion par tête d'habitant a diminué. Le prix du quintal a subi depuis 1871 de fréquentes oscillations entre 14 et 20 francs; il s'est élevé à 22 fr. 50 en 1912; et la consommation locale en s'accroissant semble devoir absorber, dans une certaine mesure, l'augmentation de la production.

Or, la brasserie étrangère qui apprécie les orges algériennes et en achèterait volontiers davantage, attire déjà 15 à 16 % de leur exportation. Les quantités expédiées en France ne représentent actuellement qu'un douzième de la production. D'autre part, il y a une importation très variable suivant les années (113,890 quintaux en 1903, 344,992 quintaux en 1905, 10,360 quintaux en 1908, 38,886 quintaux en 1911 et 87,266 quintaux en 1912), qui signale les exigences de la consommation locale.

En envisageant la culture des *avoines* pendant les dix dernières années, l'on constaterait de même qu'en 1903 la superficie cultivée représentait 131,078 hectares, et la production 1,157,746 quintaux, soit un rendement de 8 qx 8 à l'hectare, tandis qu'en 1912 le rendement s'est élevé à 9 qx 9 à l'hectare, avec une superficie de 192,160 hectares et une production de 1,792,713 quintaux. Mais cette augmentation n'est nullement en rapport avec l'importance de la demande métropolitaine.

Dans l'extension donnée depuis quelques années à la culture des céréales en Algérie, il ne faut donc pas voir un engouement irréfléchi de la part des colons. Une augmentation progressive de la production des blés, des orges et des avoines pourrait être réalisée sans crainte de manquer de débouchés; elle répondrait à un besoin réel de la consommation française et algérienne. Il est donc souhaitable de voir la culture intensive développer de plus en plus les rendements des terres déjà travaillées; il est souhaitable de voir des familles françaises se transporter hardiment sur les vastes espaces, encore improductifs, que l'Algérie tient en réserve, et les contraindre à produire de nouvelles moissons.

Nous n'ignorons pas que ce développement des cultures de céréales a soulevé des inquiétudes chez ceux que préoccupent, à juste titre, la question de l'élevage. On a exprimé la crainte de voir l'augmentation des emblavures resserrer à l'excès les étendues consacrées traditionnellement au parcours des troupeaux et la préférence donnée aux céréales faire abandonner imprudemment les cultures fourragères. Mais peut-on véritablement prétendre qu'il n'y ait pas de place, dans la colonie, pour les céréales, concurremment avec les fourrages ? Et s'il est exact que, sur certains points, les champs de blé ou d'orge font reculer les troupeaux, on ne saurait en conclure que ceux-ci ne pourront plus trouver en Algérie les superficies qui sont nécessaires pour leur permettre de pacager. N'est-ce pas, d'ailleurs, dans une amélioration indispensable des procédés primitifs de l'élevage indigène qu'il faut chercher le remède à la situation du cheptel, plutôt que dans la conservation routinière des emplacements de parcours habituels ?

Cette situation du cheptel n'est certainement pas ce qu'elle devrait être, aussi bien pour l'alimentation de la métropole que pour les besoins de l'agriculture et de la consommation algériennes. En 1876, les *bovins* recensés dans la colonie étaient au nombre de 1.159.683 têtes; en 1886, on comptait 1.198.157 têtes; en 1896, 1.104.160 têtes; en 1906, 1.078.218 têtes. En 1911 et en 1912, le recensement donnait 1.113.952 et 1.106.801 têtes. Le troupeau est donc resté sationnaire depuis 35 ans, avec une tendance à la diminution. Le mouvement des exportations et des importations — ces dernières presque entièrement de provenance marocaine -- s'établit comme il suit depuis 1901 :

Années	Exportations totales	Exportations sur la France	Importations
1901......	25.911	23.625	49.813
1902......	28.822	25.653	22.646
1903......	26.863	25.08	13.725
1904......	16.069	11.15	16.904
1905......	21.387	15.279	21.004
1906......	13.937	8.637	16.217
1907......	17.306	11.244	22.128
1908......	51.817	37.101	31.648
1909......	25.910	18.626	9.411
1910......	33.125	23.993	22.101
1911......	22.212	16.847	14.053
1912......	24.878	5.338	6.267

Les chiffres ci-dessus font ressortir à la fois l'importance des importations pour certaines années et l'irrégularité des exportations influencées au cours de ces dernières années, par les demandes de l'étranger ou les besoins du corps d'occupation du Maroc. Cependant, les bœufs et leurs dépouilles sont également demandés par la métropole, et la colonie qui a ressenti, elle aussi, la crise de la vie chère, réclame pour la boucherie et pour l'agriculture des disponibilités plus abondantes. Une renaissance de l'élevage s'affirme heureusement depuis quelque temps, due à l'intelligente initiative de certains groupements agricoles qui poursuivent avec ténacité l'amélioration des races locales.

Pour les ovins, la situation n'est pas meilleure, comme le fait ressortir le tableau ci-dessous :

L'ÉLEVAGE DU MOUTON EN ALGÉRIE
de 1871 à 1912

par périodes quinquennales de 1871 à 1910 et pour les années 1911 et 1912

Périodes Quinquennales	Européens et Indigènes — Moyenne	Indigènes — Moyenne	Européens — Moyenne
Années	Têtes	Têtes	Têtes
1871-1875	7.505.018	7.332.573	172.445
1876-1880 (Pour les 3 années 1876-77-78)	9.057.033	8.866.665	190.368
1881-1885	6.356.117	6.074.506	281.611
1886-1890	9.670.562	9 542.161	328.401
1891-1895	8.667.075	8.330.178	336.897
1896-1900	7.280.372	6.916.363	364.009
1901-1905	8.682.294	8.183.843	498.451
1906-1910	9.171.128	8.438.157	732.157
1911	8.528.610	7.722.730	805.880
1912	8.338.023	»	»

On voit que l'ensemble du troupeau ovin est resté à peu près stationnaire. Si le nombre des moutons possédés par les européens a augmenté régulièrement, celui des moutons appartenant aux indigènes s'est accru notablement pendant la période 1886-1890 pour redescendre, au cours de ces dernières années, à un chiffre voisin de ce qu'il était en 1871-1875. Les cours, il est vrai, se sont relevés depuis les six dernières années, mais ces prix forts s'étaient déjà rencontrés dans le passé, dans la période 1886-1890, par exemple.

Les quantités utilisables pour l'exportation annuelle — à peu près uniquement dirigée sur la France — ne représentent, d'autre part, qu'un huitième du troupeau; elles sont renforcées par une importation d'origine marocaine, mais celle-ci est sujette elle-même à de fortes variations, comme l'indique le tableau ci-après :

Importations en Algérie des ovins du Maroc (unités)

1901..	290.419	1905..	54.213	1909..	130.159
1902..	187.869	1906..	110.929	1910..	225.026
1903..	190.384	1907..	150.616	1911..	181.252
1904..	65.581	1908..	139.099	1912..	106.418

Pour satisfaire à la fois la consommation locale et la demande métropolitaine, demande qui ne porte pas seulement sur la viande de boucherie, mais sur les peaux et les laines, il importe donc de veiller avec soin à la conservation du cheptel ovin algérien et de favoriser sa reconstitution et son développement.

C'est dans ce but qu'ont été pris les divers arrêtés récents interdisant temporairement l'abatage et l'exportation des brebis; les efforts officiels et privés qui ont été tentés depuis quelques années et qui se continuent pour l'amélioration des races indigènes, soit par la sélection, soit par le croisement, doivent aussi être signalés, de même que toutes les mesures qui tendent à perfectionner les conditions actuelles de l'élevage par la constitution de réserves de fourrage, l'aménagement des points d'eau et la construction des abris pour la mauvaise saison.

L'élevage du *porc* joue un rôle beaucoup moins important comme facteur de l'alimentation locale et de l'exportation. Cet élevage est pourtant assuré, de débouchés sérieux dans la métropole, ce qui justifie son récent développement dans la colonie ;

Années	Recensement	Importation	Exportation
1902......	78.909	1.642	891
1903......	86.747	1.075	4.138
1904......	87.178	2.009	134
1905......	91.267	1.513	3.693
1906......	96.012	3.677	4.388
1907......	97.587	3.381	1.033
1908......	102.585	2.420	4.438
1909......	110.700	1.132	1.520
1910......	108.949	702	7.884
1911......	110.012	1.373	22.837
1912......	113.751	3.020	13.285

En dehors des porcheries modèles qui peuvent être organisées dans toutes les exploitations qui comportent les ressources nécessaires à l'engraissement, la possibilité d'entretenir des troupeaux de porcs s'alimentant en liberté au moyen des tubercules qu'ils rencontrent sur les parcours, permet d'escompter une augmentation progressive du nombre des porcins.

La culture des *fruits* et des *légumes primeurs* constitue une des branches les plus intéressantes du ravitaillement de la métropole en produits alimentaires par l'Algérie.

Sans insister sur le développement pris par la culture maraîchère et par celle des raisins chasselas, nous rappellerons notamment la part prise par la colonie dans la fourniture des *agrumes*. Si les oranges algériennes ne représentent encore qu'une partie de la consommation française, les mandarines en représentent déjà la part la plus importante et il est bon de remarquer que les envois en France de ces fruits, de qualité supérieure à celle des provenances étrangères, ont augmenté considérablement depuis une dizaine d'années :

	Mandarines et Chinois		Citrons, Oranges et Variétés
1901....	17.136 quintaux		34.769 quintaux
1902....	28.821	—	31.602 —
1903....	47.342	—	31.725 —
1904....	24.920	—	27.526 —
1905....	29.928	—	39.013 —
1906....	50.362	—	30.018 —
1907....	37.876	—	21.194 —
1908....	63.728	—	37.578 —
1909....	64.035	—	36.030 —
1910....	98.095	—	52.200 —
1911....	93.238	—	54.107 —

On voit que dans la période 1901-1911 l'exportation des oranges d'Algérie en France a progressé de 40 0/0, tandis que celle des mandarines, protégée par un droit de douane plus élevé, a progressé de 500 0/0.

Le développement des plantations en Algérie pendant la même période est marqué par les chiffres suivants :

	Mandarines	Oranges
1901-1902....	314.843	528 455
1902-1903....	333.688	554.671
1903-1904....	339.676	598.022
1904-1905....	345.888	621.512
1905-1906....	350.337	654.327
1906-1907....	344.368	611.134
1907-1908....	355.333	636.719
1908-1909....	427.512	672.671
1909-1910....	442.037	700.752
1910-1911....	451.783	726.526

Les chiffres donnés ci-dessous ne représentent que les orangers et les mandariniers en rapport.

Or, des plantations considérables ont été faites depuis 7 ou 8 ans, qui vont commencer à produire à partir de l'année prochaine. Les plantations peuvent d'ailleurs prendre d'ici quelques années une extension beaucoup plus grande, si rien ne vient contrarier ce mouvement, car il existe encore en Algérie beaucoup de terres convenant parfaitement à cette culture.

L'examen que nous venons de faire des conditions de la production de ces divers articles de l'exportation algérienne démontre l'apportunité de développer, d'une manière générale, cette production, aussi bien dans l'intérêt du ravitaillement de la métropole en céréales, en agrumes et en produits de l'élevage notamment, que dans l'intérêt des agriculteurs algériens, européens et indigènes.

Il serait imprudent, en effet, de se baser sur les cours de ces dernières années que nous reproduisons ci-après, pour conclure à un enrichissement définitif de la colonie :

COURS MOYENS DE 1903 A 1912 DES PRINCIPAUX PRODUITS DE L'EXPORTATION ALGÉRIENNE

(D'après les évaluations de la Commission des valeurs en Douane)

NATURE DES PRODUITS	1903	1904	1905	1906	1907	1908	1909	1910	1911	1912
Vins en fûts	22 00	17 50	8 00	8 50	10 80	10 70	13 50	28 00	26 00	29 00
Froment	22 00	21 40	25 44	24 50	24 4	24 65	24 50	25 00	26 00	31 00
Avoine	13 80	13 40	12 40	17 30	16 20	16 20	16 50	15 70	16 00	21 50
Orge	14 75	13 20	17 50	15 40	16 25	17 25	15 65	14 85	16 00	22 50
Moutons	25 90	24 50	25 20	24 50	26 25	28 50	28 50	29 64	35 10	39 30
Peaux grandes	140 00	130 00	169 90	199 00	190 00	170 00	170 00	170 00	170 00	168 00
Laines en masses	85 00	96 00	120 00	150 00	130 00	100 00	111 00	120 00	120 00	128 00
Oranges	17 00	20 00	16 00	15 95	15 95	15 00	17 00	20 00	20 00	21 00
Mandarines	16 00	16 00	20 00	20 00	20 00	20 00	25 00	30 00	30 00	30 00
Dattes	70 00	60 00	59 90	68 97	66 00	60 00	68 00	68 00	68 00	72 00
Figues	29 00	29 00	26 00	28 00	28 00	28 00	27 00	28 00	30 00	31 00
Pommes de terre	20 00	14 00	20 90	26 00	23 00	17 00	21 00	15 00	25 00	20 00
Huiles d'olive	102 00	94 98	91 00	95 00	100 00	140 00	150 00	170 00	150 00	130 00
Phosphates	20 00	22 00	25 00	27 95	28 97	33 50	31 00	32 75	31 00	31 00
Minerais de fer	8 50	11 00	11 15	12 00	11 80	11 15	11 55	11 70	12 00	12 50
Minerais de zinc	170 00	152 00	155 00	158 00	150 00	137 00	150 50	142 00	150 00	160 00

Ces cours, dans leur ensemble, marquent une augmentation incontestable. Mais l'on ne pourrait faire état de cette augmentation des prix de vente que si elle résultait manifestement, au moins pour une partie, d'une amélioration de la qualité de la marchandise. C'est le cas, certainement, pour les vins et aussi peut-être pour les céréales et quelques produits tels que les fruits et légumes. Mais si elle résulte simplement, et c'est le cas le plus fréquent, de causes d'ordre général extérieures à l'Algérie, on ne doit pas la considérer comme acquise définitivement; on peut prévoir, au contraire, dans l'avenir des périodes où l'oscillation se produira en sens inverse.

Dès à présent, cette élévation des prix de vente est, d'ailleurs, compensée par l'élévation progressive du coût de production; les charges fiscales et l'enchérissement du prix de la main-d'œuvre vont grever de plus en plus le budget des cultivateurs de la colonie. Leur intérêt immédiat s'unit donc aux desiderata de l'approvisionnement métropolitain pour faire produire davantage à la terre africaine. Ce résultat ne sera obtenu qu'en donnant à l'agriculture et à l'élevage une impulsion énergique et rationnelle, de façon à utiliser judicieusement toutes les ressources du sol algérien pour le développement du troupeau et l'accroissement des récoltes.

La part de la France dans les importations de l'Algérie. — Le développement du pouvoir d'achat de la Colonie.

Pour se faire une idée exacte de l'importance et de la stabilité des débouchés offerts au commerce et à l'industrie métropolitaine par l'Algérie, il ne faut pas se borner à considérer le chiffre des provenances françaises dans le relevé des importations de la colonie. Il faut aussi chercher à se rendre compte des importations d'origine étrangère, de l'état de la production locale, lorsqu'elle existe, et enfin de la puissance de consommation réelle de la population.

En ce qui concerne les *tissus de coton*, les importations métropolitaines sont en progression sensible depuis 1903, bien que certains articles de cette catégorie aient atteint, depuis cette date, un chiffre d'entrées supérieur au chiffre de 1912. Elles ne sont concurrencées par aucune industrie locale, et les importations étrangères sont sans importance. Les tableaux ci-dessous mettent ces faits en évidence pour les tissus de coton *blanchis* et pour les tissus de coton teints :

Importation en Algérie et exportation hors de la colonie des tissus de coton

Tissus de coton blanchis ou fabriqués avec des fils blanchis

| | IMPORTATION | | | EXPORTATION | CONSOMMATION |
	de France	d'autres provenances	Total		de la Colonie
1903	33.807q	62q	33.869q	134q	33.735q
1904	30.928	89	31.017	854	30.163
1905	58.820	23	58.843	1.493	57.350
1906	48.378	8	48.386	751	46.635
1907	83.824	11	83.835	1.977	81.858
1908	80.146	18	80.164	1.928	78.236
1909	58.322	11	58.335	1.562	56.773
1910	55.675	15	55.690	2.368	53.322
1911	55.350	16	55.374	2.844	52.514
1912	68.902	18	68.902	3.286	63.616

Tissus de coton teints

| | IMPORTATION | | | EXPORTATION | CONSOMMATION |
	de France	d'autres provenances	Total		de la Colonie
1903	37.039q	76q	37.115q	525q	36.590q
1904	32.661	38	32.669	401	32.268
1905	28.648	18	28.666	342	28.324
1906	29.628	33	29.661	1.741	27.910
1907	22.745	11	22.756	422	22.334
1908	20.960	77	21.037	523	20.514
1909	21.458	59	21.517	315	21.202
1910	25.960	85	26.045	612	25.433
1911	31.699	101	31.800	903	30.897
1912	42.906	40	42.946	1.238	41.708

Pour les *ouvrages divers en métaux*, il n'est pas possible, en l'absence d'une statistique industrielle détaillée, de dégager la part de la production locale; nous nous bornerons à la mentionner pour mémoire, en indiquant qu'elle ne porte en tous cas que sur un certain nombre d'articles et que le développement des importations ne paraît pas en être affecté. Le mouvement des entrées de *petits ouvrages en ferronnerie* et de *constructions métalliques* autorise cette affirmation :

Petits ouvrages en ferronnerie

	IMPORTATIONS				Consommation nette en Algérie
	France	Etranger	Total	Exportation	
1903	10.359q	50q	10.409q	192q	10.217q
1904	20.625	27	20.652	262	20.390
1905	26.187	15	26.202	175	26.027
1906	18.859	41	18.900	317	18.583
1907	21.194	92	21.286	218	21.068
1908	14.793	48	14.841	210	14.631
1909	28.584	35	28.619	396	28.223
1910	27.146	496	27.642	650	26.992
1911	33.570	65	33.635	727	32.908
1912	87.956	239	88.195	1.370	86.825
1903	57.915q	401q	58.318q	405q	57.913q
1904	114.041	188	114.229	128	114.101
1905	134.513	2089	136.602	173	136.429
1906	47.490	78	47.568	82	47.486
1907	27.820	868	28.688	258	28.430
1908	23.700	262	23.962	1.815	22.147
1909	21.341	1620	22.961	78	22.883
1910	29.408	85	29.493	106	29.387
1911	33.174	43	33.217	256	32.961
1912	40.082	580	40.662	117	40.545

L'exportation des automobiles françaises en Algérie est une de celles qui a le plus progressé depuis dix ans. Nous donnons ci-dessous les chiffres, en quintaux, de cette exportation, qui n'est concurrencée ni par l'étranger dont les ventes sont insignifiantes, ni par la production locale qui est inexistante :

Voitures automobiles

| | IMPORTATION EN ALGÉRIE | | | EXPORTATION | CONSOMMATION |
	de France	d'autres provenances	Total	d'Algérie	en Algérie
1903	1.505q	14q	1.519q	»	1.519q
1904	2.655	5	2.660	19q	2.641
1905	2.847	4	2.851	33	2.818
1906	2.876	18	2.894	54	2.840
1907	3.728	3	3.731	49	3.682
1908	5.139	25	5.164	88	5.076
1909	7.257	71	7.328	123	7.205
1910	8.979	156	9.135	258	8.877
1911	13.769	264	14.033	298	13.735
1912	21.660	342	22.202	254	21.948

Dans la catégorie des *meubles et ouvrages en bois*, les exportations métropolitaines sur l'Algérie sont aussi en augmentation. Pour les *meubles divers* (autres que les sièges et les meubles en bois courbés) elles représentaient, en 1903, un poids de 8,721 quintaux, et la consommation réelle de la colonie, en tenant compte d'une importation étrangère s'élevant à 1,147 quintaux et d'une réexportation de 194 quintaux, s'établissait à 9,674 quintaux. En 1912, les exportations métropolitaines ont atteint 15,068 quintaux et la consommation de l'Algérie s'est établie à 16,819 quintaux, les importations étrangères représentant 2,395 quintaux et la réexportation 644 quintaux.

Nous avons signalé plus haut la part prépondérante que tient la colonie dans les exportations françaises de *machines et mécaniques*. On importe chaque année, en Algérie, des quantités plus considérables de machines de toute sorte, mais ici la production métropolitaine est en concurrence sérieuse avec l'étranger, dont les ventes se maintiennent élevées et progressent même malgré la préférence donnée aux marques françaises, à égalité de prix et de conditions. Nous donnons ci-après les chiffres des importations algériennes, de 1903 à 1912, en *machines agricoles* et *machines pour la minoterie* :

Machines pour l'agriculture (1)

| | IMPORTATION EN ALGÉRIE | | | EXPORTATION | CONSOMMATION nette |
	France	Etranger	Total	d'Algérie	en Algérie
1903	20.567q	7.287q	27.854q	193q	27.661q
1904	24.984	10.684	35.668	346	35.322
1905	12.228	8.494	20.722	168	20.554
1906	13.131	10.906	24.037	261	23.776
1907	12.945	22.049	34.994	115	34.879
1908	16.441	10.325	35.766	392	35.374
1909	15.716	21.566	37.282	275	37.007
1910	21.124	20.223	41.347	726	40.621
1911	29.764	26.254	56.018	383	55.635
1912	31.728	31.341	63.069	1.314	61.755

Machines pour la minoterie et mécanique générale (1)

	France	Etranger	Total	d'Algérie	en Algérie
1903	12.047q	2.667q	14.714q	232q	14.482q
1904	7.544	2.145	9.689	237	9.452
1905	13.158	4.023	17.181	500	16.681
1906	14.648	3.872	18.520	153	18.367
1907	15.242	4.725	19.967	343	19.624
1908	28.239	6.671	34.910	645	34.265
1909	19.396	4.496	23.892	500	23.392
1910	14.715	10.536	25.251	331	24.920
1911	26.844	3.850	30.694	296	30.398
1912	29.382	4.892	34.274	458	33.816

Les *sucres* consommés en Algérie sont pour ainsi dire tous de provenance française. Si l'importation des *sucres bruts et vergeoises*, qui a passé de 27,800 quintaux en 1904 à 35,769 quintaux

---

(1) En quintaux.

en 1912, comprend une importation annuelle
moyenne de 1,200 à 1,300 quintaux venant de
l'étranger, les envois de l'étranger sont insigni-
fiants, en ce qui concerne les *sucres raffinés*, dont
la consommation, de plus en plus importante, est
alimentée par les exportateurs de la métropole :

COMMERCE SPÉCIAL

Sucres raffinés (autres que candis)

| | IMPORTATION | | | EXPORTATION | CONSOMMATION nette |
	de France	de l'Etranger	Total		en Algérie
1903	179.012q	207q	179.219q	23q	179.182q
1904	175.340	111	175.451	21	175.430
1905	226.394	71	226.465	106	226.359
1906	240.028	11	240.039	38	240.001
1907	253.758	33	253.791	14	253.777
1908	276.767	90	276.857	34	276.823
1909	279.501	61	279.562	23	279.539
1910	286.104	9	286.113	50	286.063
1911	307.600	10	307.610	53	307.557
1912	322.262	121	322.380	47	322.333

Les *Vêtements confectionnés* font l'objet d'une
importation croissante. La France en envoyait
3.339 quintaux dans la colonie en 1903; elle en a
envoyé 6.159 quintaux en 1912. L'apport de l'étranger est très faible, quoique aussi en progression :
166 quintaux en 1903 et 550 quintaux en 1912. L'exportation hors de l'Algérie a passé, pour la même
époque, de 474 quintaux à 1.250 quintaux.

Quant aux *papiers* (autres que de fantaisie),
l'augmentation de la consommation n'est pas moins
sensible; les envois de la métropole, qui ne s'éle-
vaient qu'à 63.183 quintaux en 1903, ont atteint
128.532 quintaux en 1912. Les envois de l'étranger
représentent seulement 100 à 200 quintaux et l'exportation est montée à 5.115 quintaux en 1909, pour
redescendre à 2.342 quintaux en 1912.

Dans la catégorie des *peaux ouvrées*, les débouchés offerts à l'exportation métropolitaine paraissent moins encourageants. Les peaux préparées, seulement *tannées ou mégissées* (autres que de chèvre, de chevreau, de mouton ou d'agneau) pour lesquelles nous avons vu que l'Algérie se classait au premier rang des clients de la France, ont fait l'objet, depuis une dizaine d'années, d'une importation assez régulière qui ne dépasse pas, en 1912, le chiffre atteint en 1901. Voici le relevé de ces importations qui, pourtant, sont tout profit pour la métropole, les ventes de l'étranger étant insignifiantes :

Peaux préparées, seulement tannées ou mégissées, autres que de chèvre, de chevreau, de mouton et d'agneau.

| | IMPORTATION | | | EXPORTATION |
	de France	de l'Etranger	Total	d'Algérie
1903....	9.070	69	9.139	415
1904....	12.053	35	12.188	438
1905....	9.853	6	9.859	493
1906....	9.901	11	9.912	543
1907....	9.972	68	10.040	255
1908....	8.574	13	8.587	230
1909....	8.318	43	8.361	187
1910....	8.131	15	8.146	199
1911....	9.724	26	9.750	257
1912....	11.576	4	11.580	230

D'autre part, les *chaussures en peau* sont introduites en moins fortes quantités. Cette diminution de l'importation, qui se traduit d'ailleurs par des oscillations très variables d'année en année, affecte à la fois les provenances françaises et les provenances étrangères, bien moins élevées d'ailleurs. Il y a, en même temps, une exportation hors de l'Algérie qui se développe sensiblement depuis les dernières années et qui mérite d'être signalée, soit qu'il faille la faire entrer en déduction de la consommation, soit qu'elle témoigne de l'activité de la fabrication locale.

Chaussures (paires)

	IMPORTATION			EXPORTATION
	France	Etranger	Total	d'Algérie
1903....	768.042	18.797	786.839	8.409
1904....	845.126	28.805	873.931	25.102
1905....	622.685	52.454	675.139	26.086
1906....	560.663	30.190	590.853	12.226
1907....	562.681	20.603	583.284	25.785
1908....	491.580	31.650	523.230	43.974
1909....	388.827	26.798	415.625	37.064
1910....	416.112	22.743	438.855	82.648
1911....	498.307	22.560	520.867	105.283
1912....	507.228	16.637	523.865	148.367

Pris dans leur ensemble, les divers articles que nous venons de passer en revue font apparaître une augmentation générale des achats, ce qui semble indiquer un accroissement de la puissance de consommation et par conséquent des débouchés offerts au commerce métropolitain.

Mais, pour apprécier à sa juste valeur ce développement de la puissance de consommation, il importe de voir s'il a été proportionnel au développement de la population en Algérie. Il est évident, en effet, que cette augmentation des achats devra être considérée comme un indice d'autant plus satisfaisant pour l'équilibre économique de la colonie et pour la stabilité de la clientèle offerte aux exportateurs français, qu'elle se sera répartie sur un plus grand nombre de têtes sans diminuer l'importance de la part prise par chaque acheteur dans cette consommation.

Il est impossible de suivre ainsi, dans le détail, la répartition des achats entre les cinq à six millions d'habitants de l'Algérie. Mais le tableau ci-dessous fournit cependant, à cet égard, une indication d'ordre général :

Périodes Quinquennales	Commerce spécial — Importation	Population de l'Algérie		Capacité Commerciale ou participation par tête d'habitant aux importations
		Année du recensement	Population totale	
Années	Francs			Francs
1871-1875	189.138.000	1876	2.807.675	67.36
1876-1880	210.805.000	1881	2.254.932	64.76
1881-1885	237.627.000	1886	3.752.037	63.33
1886-1890	234.098.000	1891	4 107.987	56.98
1891-1895	251.008.000	1896	4.359.578	57.57
1896-1900	289.508.000	1901	4.723.088	61.29
1901-1905	348.239.000	1906	5.158.051	67.51
1906-1910	453.171.000	1911	5.563.828	81.45
1911	571.481.000	1911	5.563.828	102.71
1912	574.499.000	1911	5.563.828	105.05

On voit donc que l'augmentation des achats semble correspondre à une augmentation réelle de la puissance de consommation, puisque la part théorique de chaque habitant dans ces achats a passé de 67 fr. 36 en 1871-1875 à 105 fr. 05 en 1912. Les exportateurs de la métropole sont donc fondés à compter sur le développement de leurs ventes en Algérie et ce développement s'accentuera dans la mesure où la situation économique des colons deviendra plus assise et où les progrès de la civilisation chez les indigènes les amènera à faire un usage plus général des produits de notre industrie.

L'Algérie et la crise de la main-d'œuvre en France

L'augmentation de la puissance de consommation chez les indigènes s'explique à la fois par l'amélioration de leur situation matérielle résultant de la sécurité générale, de l'hygiène meilleure et du contact de la colonisation, et par les besoins nouveaux que créent parmi eux les habitudes de la vie civilisée. Depuis fort longtemps on avait constaté l'empressement avec lequel les indigènes les plus arriérés de l'intérieur adoptaient volontiers, non seulement les articles d'alimentation ou de ménage dont ils avaient toujours connu l'usage et que notre industrie met à leur disposition sous une forme plus commode, mais aussi certains outils appropriés à leurs habitudes et même certaines parties du costume européen, telles que les gilets confectionnés. Dans plusieurs régions de la colonie on a remarqué, au cours de ces dernières années, un mouvement plus accentué dans ce sens. Les ouvriers kabyles qui sont allés travailler en France sont les facteurs actifs de ce mouvement récent. Leur séjour dans la métropole les a familiarisés davantage avec les mœurs françaises et, de retour dans leurs montagnes, on les voit rechercher, sur les marchés, des denrées alimentaires plus substantielles et acheter pour leurs femmes et pour leurs enfants des étoffes et des objets d'habillement plus variés.

Cette migration en France des ouvriers kabyles qui nous apparaît ainsi comme une cause indirecte de débouchés plus étendus pour l'exportation métropolitaine, peut-elle apporter à la mère-patrie un concours plus direct pour le maintien de sa situation économique ? Peut-elle être considérée comme le remède si péniblement cherché à la crise de la main-d'œuvre qui sévit dans les campagnes et chez les industriels ?

Notons d'abord que l'exode des kabyles vers la France date de quelques années à peine. Signalé par les autorités locales d'Algérie et dans nos précédents rapports, il a fait l'objet, en 1912, de la part du gouvernement général, d'une enquête auprès de toutes les préfectures de la métropole. C'est ainsi qu'on a pu établir la présence, à cette époque, de 4 à 5.000 indigènes algériens résidant principalement à Marseille, Paris et dans le bassin houiller du Nord et du Pas-de-Calais. Les renseignements complémentaires recueillis depuis lors ont confirmé l'importance de cette immigration et son développement rapide dans différents centres industriels ou miniers.

Lorsque ces constatations ont été divulguées en France et en Algérie, elles ont tout d'abord provoqué un sentiment d'étonnement et de curiosité, avec un peu de scepticisme sur la réussite de cette introduction de l'élément berbère parmi les populations de la métropole.

Puis en présence de ce courant nettement dessiné, l'on s'est appliqué à en prévoir les conséquences et il semble que l'on soit arrivé à des déductions un peu excessives.

En Algérie, l'on s'est alarmé du renchérissement et surtout de la raréfaction de la main-d'œuvre agricole qui pourraient en résulter. Il ne nous appartient pas d'examiner ici en détail, le bien fondé de ces craintes; on peut cependant penser qu'elles sont exagérées; le renchérissement des salaires tient à des causes fort complexes et il s'est manifesté dans la colonie avant que se soit dessiné le départ des Kabyles pour la métropole. D'autre part, cet exode n'est pas définitif; c'est en somme, une émigration temporaire qui ramènera périodiquement en Algérie des ouvriers plus capables que ceux qui partiront et préparés à fournir la main-d'œuvre industrielle dont la colonie aura certainement besoin dans l'avenir. Enfin, si les départs, au lieu d'affecter uniquement quelques douars, se répartissaient sur un plus grand nombre de communes, leur influence serait sans doute moins sensible sur la colonisation, et il est probable que la localisation actuelle n'est que passagère : déjà, l'on voit arriver en France, des indigènes algériens qui ne sont originaires ni de Dra-el-Mizan, ni de Fort-National, ni de Michelet; on voit même des Marocains venir s'embaucher dans les ports français de l'Océan ou dans les mines de Normandie.

En France, l'on paraît, au contraire, avoir une tendance à fonder de trop vastes espoirs sur cette immigration des ouvriers kabyles. Impressionnés par le chiffre de la population indigène de l'Algérie, qui dépasse 4,700,000 habitants, certains ont pensé qu'on pourrait trouver là un réservoir de main-d'œuvre capable de permettre le remplacement des ouvriers étrangers qui envahissent les grandes villes et les départements frontières (1) par des sujets français de caractère plus docile, capable aussi de fournir aux campagnes délaissées les bras qui leur sont indispensables. A condition de s'assurer un recrutement approprié de leurs travailleurs indigènes, au lieu de laisser ce recrutement s'opérer au hasard, sans garanties d'aptitudes physiques ni professionnelles, les industriels métropolitains pourront vraisemblablement trouver en Algérie, des ouvriers qui leur donneront

____

(1) Au dénombrement de 1911, on a recensé 1.132.696 étrangers, soit 286 étrangers pour 10.000 habitants, au lieu de 257 au recensement précédent. L'augmentation du nombre des étrangers a atteint 30 % dans le département de la Seine et 50 % en Meurthe-et-Moselle.

toute satisfaction et dont l'arrivée atténuera en partie, le manque de personnel actuel, évitant ainsi un nouvel accroissement de l'immigration étran-grère. Mais s'il est impossible d'évaluer arbitraire-ment le nombre des Kabyles disposés à venir cher-cher du travail en France, il y a tout lieu de penser que le nombre de ceux qui seront susceptibles d'être embauchés ne sera jamais en rapport avec les besoins de main-d'œuvre de la métropole. D'autre part, si les Kabyles se sont fait apprécier dans tous les centres où ils été occupés, par leur bonne volonté et leur esprit de discipline, ils ont toujours reçu, à travail égal, les mêmes salaires que les autres ouvriers et ils ont bénéficié, exacte-ment comme ces derniers, de toutes les institutions d'assistance prévues par les lois ou par des stipu-lations particulières. Il serait donc aussi injustifié, de la part des organisations ouvrières françaises, de s'inquiéter de l'arrivée de ces travailleurs non citoyens, qu'il serait erroné, de la part des chefs d'entreprise, de penser échapper, en les employant, aux charges qui résultent de l'augmentation géné-rale des salaires ou de la législation sociale. Enfin, rien ne permet, jusqu'à ce jour, de généraliser les résultats favorables donnés par l'emploi de la main-d'œuvre kabyle dans l'industrie et d'affirmer que cette main-d'œuvre dispersée dans les campa-gnes, y sera également appréciée, en admettant qu'elle accepte de se déplacer pour les salaires relativement peu rémunérateurs en usage pour les travaux de la terre.

B. — L'Expansion de la France en Algérie

L'arrivée des ouvriers kabyles dans la métropole a frappé les imaginations plus vivement que ne l'avaient fait jusqu'ici l'apparition des colporteurs indigènes dans les grandes villes ou dans les stations balnéaires, l'installation discrète dans les centres universitaires de quelques étudiants arabes et ber-bères, ou le défilé triomphal, mais éphémère, des tirailleurs algériens à la revue de Longchamps. Elle a contribué et contribue ainsi indirectement à cette forme de propagande en faveur de la colonie, qui consiste à appeler sur elle l'attention de nos concitoyens, puis à les amener à connaître davantage l'Algérie et à profiter des ressources qu'elle leur offre, soit pour un meilleur établissement, soit comme centre de tourisme et d'hivernage.

I. — *L'Algérie prolongement du territoire métropolitain. — Les questions indigènes. — Les communications entre les deux rives de la Méditerranée.*

Malgré l'intérêt que présente en définitive pour le consommateur français un mouvement commercial qui porte principalement sur des denrées alimentaires, les chiffres par lesquels se traduisent les échanges franco-algériens ne frappent guère le grand public; celui-ci est beaucoup plus naturellement porté à se passionner pour des idées générales ou à restreindre sa documentation personnelle aux questions qui le touchent plus directement. C'est ainsi que l'idée de l'Algérie évoque immédiatement, même dans les milieux les moins cultivés, le souvenir des glorieuses campagnes de l'armée d'Afrique, et la formule classique qui proclame que l'Algérie est devenue « le prolongement de la France », s'accompagne parfois de notions très obscures sur la situation ethnique de la colonie ainsi que sur son organisation administrative et militaire, ou même sur ses caractéristiques géographiques.

Cet état d'esprit explique que les questions indigènes aient soulevé, dans les centres intellectuels de la métropole, dans la presse et dans les assemblées, des controverses aussi ardentes et des débats aussi animés. Nous nous bornons ici à rappeler ces polémiques qui, dans l'enceinte du parlement, ont fourni aux divers orateurs l'occasion d'exposer les problèmes les plus délicats de notre politique coloniale. Les mesures de détail se rapportant à l'administration des indigènes, de même que les renseignements statistiques les concernant, font très fréquemment l'objet de demandes de renseignements adressés à l'office, qui est constamment amené à constater les divergences de vues qui se font jour en ces matières.

Des contacts plus fréquents et moins passagers entre les habitants de la métropole et ceux de l'Algérie amèneront petit à petit l'atténuation de ces divergences d'opinion. A ce point de vue, il est satisfaisant de voir se développer des relations de plus en plus nombreuses entre les deux rives de la Méditerranée et il est désirable que l'amélioration continue des moyens matériels de communication, réclamée par le commerce et par le tourisme, facilite aussi la création de nouveaux liens d'intérêt.

A côté des voyages qui ont lieu de France en Algérie, et dont nous parlerons plus loin, nous enregistrerons donc parmi les circonstances favorables à la création de relations individuelles plus nombreuses, l'incorporation dans la métropole des recrues du contingent algérien, les caravanes de vacances en France organisées depuis peu par une association de tourisme algérienne, l'estivage des petits algériens dans les montagnes de France, et même le traditionnel exode de l'été, qui a été si souvent critiqué dans la colonie pour ses conséquences économiques immédiates, compensées cependant par les nombreux avantages indirects qu'il entraîne aussi bien dans l'ordre matériel que dans l'ordre intellectuel.

En parlant de l'amélioration des moyens de communication, nous ne visons pas seulement le transport des voyageurs et des marchandses, mais aussi la régularité des communications télégraphiques, un moment compromises au cours de ces dernières années, par la vétusté et le mauvais état des câbles sous-marins, et leur développement par l'extension, impatiemment attendue, du service des lettres-télégrammes, entre la France et l'Algérie.

Pour encourager, par une action directe sur les milieux métropolitains, la multiplication des relations franco-algériennes, deux procédés peuvent être utilisés : les brochures et les conférences. La distribution de notices spéciales a déjà été pratiquée de longue date et l'Office a profité de toutes les occasions favorables, expositions, réunions diverses, etc., pour répandre les quelques types de notices dont il a pu disposer. Les nouvelles ressources destinées à la propagande permettront d'éditer, à côté de ces notices spéciales, toujours utiles pour atteindre et renseigner un public déterminé, une brochure générale donnant, sous un petit format les notions essentielles que chacun devrait posséder sur l'Algérie. Il sera facile d'en opérer une distribution efficace, non plus seulement au hasard des demandes individuelles ou des expositions qui attirent des foules plus ou moins attentives, mais suivant un plan méthodique, en s'attachant à la faire pénétrer successivement dans toutes les régions de la métropole, de manière à ce que son texte y devienne bientôt familier dans tous les milieux. Quant aux conférences, nous avons signalé dans nos précédents rapports que l'Office, fournit sur demande des collections de clichés pour projections, accompagnées d'une notice toute précontinué à être utilisées de cette façon en 1913, en attendant qu'il soit possible de les compléter et de les renouveler. C'est là un très bon procédé de vulgarisation algérienne, et dont l'emploi pourra aussi être développé méthodiquement, en suscitant des conférenceisrs bénévoles dans les régions où il conviendra d'intensifier la propagande.

Une mention spéciale doit être faite ici de l'intéressante initiative prise par M. L. Robin, directeur de la revue illustrée l'*Action Africaine*, qui a entrepris, au cours de cette année, une compagne de conférences sur l'Algérie, particulièrement digne d'être signalée en raison notamment de la tournure littéraire des causeries dont il accompagnait la projection de très beaux clichés artistiques et de films cinématographiques. Ces conférences ont obtenu en province, un très vif succès et elles ont également été très remarquées à Paris.

2° *L'établissement en Algérie des Français de la métropole*

A mesure que le public métropolitain s'intéresse davantage à l'Algérie, il est naturellement amené à délaisser les idées générales pour s'inquiéter des avantages particuliers qu'il pourrait retirer de l'œuvre de colonisation réalisée dans ce pays. A partir du jour où l'Algérie lui apparaît moins sauvage et moins inaccessible, il ne tarde pas à se demander si ce prolongement de la France n'offrirait pas de meilleures chances d'établissement ou la perspective d'affaires fructueuses aux esprits entreprenants.

Comme il est nécessaire, aussi bien pour le développement normal de la colonie que pour le maintien de la prépondérance française dans l'Afrique du nord, d'y renforcer continuellement le bloc de nos nationaux par une immigration régulière de l'élément métropolitain, comme il est avantageux, en outre, d'y amener des capitaux plus abondants, cette tendance naturelle du public préparé par la lecture des brochures, par l'audition des conférences ou par tout autre procédé de propagande, se trouve correspondre très heureusement à un besoin réel de la colonie. Il s'agit d'accorder la demande avec l'offre et de faciliter l'installation en Algérie des familles capables d'y prospérer.

A. — LES PETITS CULTIVATEURS

De toutes les professions qui s'offrent à l'activité humaine, l'agriculture est assurément celle qui fixe de la façon la plus durable une famille dans un pays. L'amour de la terre est un des traits de caractère traditionnels du paysan français et il a fallu, en plus du morcellement excessif des héritages, tout un concours de circonstances économiques inéluctables pour amener le dépeuplement de certaines régions de la métropole; ce sentiment subsiste d'ailleurs souvent au cœur du campagnard devenu citadin et les jardins ouvriers qui se créent autour des villes et des centres industriels ne suffisent pas toujours à calmer en lui la nostalgie atavique des grands labours et des vastes pâtures. Or, ces circonstances économiques générales qui ont provoqué en France la désertion partielle des campagnes, ne se retrouvent pas au même degré en Algérie, où le colon, ayant ses coudées plus franches dans un territoire moins surpeuplé, peut développer plus librement son esprit d'initiative et espérer légitimement que son dur travail sera récompensé par une amélioration marquée de ses conditions d'existence. D'autre part, les vastes étendues qui sont encore incultes ou insuffisamment exploitées dans la colonie permettraient l'installation d'une grande quantité d'immigrants qui accéléreraient ainsi la mise en valeur du sol en augmentant, d'une façon durable, le nombre des colons français.

La situation des campagnes françaises appauvries en main-d'œuvre agricole est-elle un obstacle au départ de ces immigrants que l'Algérie pourrait accueillir ? Ce serait une erreur de le croire. Le nombre des cultivateurs français disposés à venir dans la colonie est au contraire encore plus considérable que celui des immigrants qui peuvent actuellement y trouver place.

La correspondance reçue chaque jour à l'Office de tous les points de la métropole en témoigne suffisamment, mais il est d'ailleurs facile de s'en convaincre en songeant au racolage fructueux opéré tous les ans par les agences d'émigration des deux Amériques. Pour ne citer que le Canada, il résulte d'une statistique publiée récemment, que cet État aurait reçu, depuis 1900, environ 21,000 Français. N'y a-t-il pas un intérêt évident à diriger sur un territoire national une partie de ces émigrants que l'éloignement et le manque de ressources, plutôt que le succès escompté retiennent souvent en pays étranger et qui nous écrivent alors leurs déceptions et leur désir de tenter en Algérie une expérience moins aléatoire ?

Mais, parmi les cultivateurs français disposés à

vénir dans la colonie, quels sont ceux qui peuvent
y réussir, et comment peut être réalisée leur installation ?

Les uns n'ont d'autres ressources que leurs bras
et leurs aptitudes agricoles; les autres disposent
du petit capital qui les autorise à former des projets d'établissement personnel.

Les premiers ne doivent pas être écartés à priori.
Certes, il n'est pas possible de leur offrir des concessions de terres qui devraient être accompagnées,
pendant plusieurs années, d'allocations pécuniaires élevées dont l'administration ne peut assurer
la charge et la responsabilité. A l'occasion, si leur
crédit personnel leur permet de trouver auprès de
leurs parents, de leurs compatriotes, ou de certaines sociétés philanthropiques, la mise de fonds
indispensable à la bonne marche d'une exploitation agricole, leur candidature peut cependant être
retenue à titre exceptionnel, sous réserve de garanties spéciales les obligeant à persévérer dans leurs
intentions colonisatrices. Mais, en principe, cette
catégorie de cultivateurs ne peut rechercher en
Algérie que des emplois salariés, tout au plus
un métayage, s'ils possèdent tout de même quelques économies. Parmi eux, il se trouve souvent des
familles nombreuses, dont tous les membres sont
rompus dès l'enfance aux travaux de la ferme, et
qui apporteraient une utile collaboration à bien
des colons isolés. Pour l'Algérie, ce serait autant de
nouvelles unités qui formeraient souche dans
l'avenir. Mais les propriétaires algériens ont la
plupart du temps, sous la main, des hommes habitués au pays, auxquels ils confient la gérance de
leurs terres, des chefs de culture et des ouvriers
européens et indigènes qui suffisent à leurs besoins. A moins de connaître personnellement des
cultivateurs de la métropole, ils ne songent pas à
s'adresser en France pour compléter leur personnel.

En présence de cette difficulté, que nous avons
déjà signalée dans nos précédents rapports, nous
nous sommes efforcés de faire mieux connaître

dans la colonie l'importance de ces ressources de main-d'œuvre offertes aux propriétaires qui ont besoin d'être secondés, dans leur exploitation, par des Français habitués au travail de la terre. Nous avons ouvert largement, aux demandes de cette sorte, les colonnes du *Bulletin* et après un assez long temps d'attente, nous avons eu la satisfaction d'apprendre que quelques engagements avaient pu être conclus à la suite des correspondances provoquées par ces insertions.

Les cultivateurs de la métropole qui disposent d'un petit capital de 5 à 15,000 francs ne sont pas, comme on le croit trop souvent en Algérie, indifférents aux perspectives d'établissement que leur offre la colonie. Précisément parce qu'ils ne sont pas dans l'indigence, ils se résignent moins volontiers à l'avenir trop limité que leur offre la culture chez eux, par suite de l'évolution défavorable des conditions économiques locales. Ils sont très rapidement gagnés à l'idée d'une installation outre-mer; il est facile de leur faire saisir les avantages de l'Algérie comparativement aux territoires étrangers, mais comme ils sont avant tout des hommes réfléchis, très décidés à ne pas aventurer leur petit patrimoine à la légère, ils apportent une circonspection particulière à l'exécution de leurs projets. La location ou l'achat d'une propriété privée dans la colonie apparaît, à juste titre, comme une opération un peu risquée pour qui n'est pas au courant du pays, de ses habitudes et des diverses particularités qui résultent des différence de climat et de race; entamer immédiatement un capital pour acheter des terres dans ces conditions paraît à certains imprudents, et malgré les avantages que comportent les propriétés domaniales vendues à bureau ouvert, au point de vue du mode de paiement et de la sécurité du titre, ils hésitent également, pour les mêmes raisons, à s'en rendre acquéreurs.

C'est la gratuité de la concession qui a raison de ces hésitations, parce que la confiance des futurs colons dans les affirmations de l'administration leur donne la certitude d'obtenir, malgré le tirage au sort des lots, des terres de bonne qualité, et parce que la pensée de conserver toutes leurs disponibilités pour la mise en train de l'exploitation les encourage à affronter sans crainte les inconnues de la culture nord-africaine. Voici donc une catégorie de métropolitains disposée à venir en Algérie, et qu'il est possible d'y introduire, d'une façon régulière, dans une mesure que l'administration algérienne peut fixer elle-même, puisque cette mesure est exactement proportionnée au nombre des concessions gratuites distribuées chaque année. Il importe, dès lors, de se préoccuper de recruter annuellement un nombre correspondant de concessionnaires.

Ce recrutement ne présente pas de difficultés sérieuses, pour peu que les candidatures soient encouragées par une propagande soutenue. Cette propagande a été contrariée, pendant ces dernières années, par le ralentissement progressif et la suppression presque complète des peuplements par voie de concessions gratuites, au profit des ventes à bureau ouvert. Nous avons exposé ci-dessus que ces dernières n'attiraient pas généralement les cultivateurs de cette catégorie, décidés à consacrer leur petite fortune à l'exploitation d'une concession, mais préférant s'abstenir plutôt que d'engager la moitié de leurs fonds dans un achat et de n'avoir plus devant eux qu'une somme insuffisante pour les frais et les aléas de la culture. Il en est résulté, sinon une diminution sensible du nombre des demandeurs, tout au moins une diminution du nombre des demandeurs désirables, et c'est ce qui a pu faire croire que la France n'était plus en état de fournir des colons à l'Algérie.

Pendant toute cette période, l'Office a naturellement dû se borner à une publicité très restreinte, puisque l'espacement irrégulier des peuplements et l'incertitude sur leur date, ne lui permettaient pas de donner à ses correspondants éventuels les précisions réclamées par tout agriculteur qui a besoin de connaître, pour les dispositions qu'il peut avoir à prendre, l'époque approximative à laquelle il sera statué sur sa demande. Or, il a suffi des déclarations faites par l'administration algérienne, au cours de la session de 1913 des délégations financières, pour réveiller l'attention des cultivateurs dont nous parlions plus haut. L'affirmation officielle que le système de la concession gratuite serait de nouveau mis en vigueur et que l'on s'attacherait à améliorer encore la consistance et l'aménagement des lots, sauf à exiger des attributaires des conditions plus sévères, a suffi à provoquer un très grand nombre de demandes intéressantes, dans le deuxième semestre de l'année, avant même, par conséquent, que le programme de peuplement pour 1914 ait été publié.

Cette circonstance prouve l'intérêt qu'attache, aux concessions gratuites, la catégorie d'agriculteurs auxquels elles sont destinées; elle démontre en même temps la publicité indirecte qui s'exerce, en faveur de l'Algérie, par l'intermédiaire des personnalités et groupements locaux de la métropole avec lesquels l'Orffice se tient en relations au moyen de son *Bulletin* et par l'envoi de documents divers. Nous comptons utiliser de plus en plus le concours de ces correspondants bénévoles pour développer notre action, et notamment, en ce qui concerne la colonisation, pour généraliser notre propagande dans les régions travaillées par les agents d'émigration étrangers et dans celles qui paraissent le plus désignées pour fournir de nouveaux colons à l'Algérie. L'annonce d'un programme annuel de peuplement et la publicité donnée, dans chaque arrondissement, aux noms des concessionnaires qui en sont originaires, provoquera facilement des candidatures nombreuses, ce qui est indispensable pour permettre à l'administration, après une première élimination des demandeurs qui ne remplissent pas les conditions exigées, de se trouver encore en présence d'un assez grand nombre de candidats pour choisir les meilleurs au triple point de vue des capacités agricoles, du nombre des enfants et des ressources pécuniaires.

B. — LES ENTREPRISES AGRICOLES

Ce sont les agriculteurs possédant un capital important qui s'intéressent aux ventes à bureau ouvert. La publicité étendue effectuée, pour ces ventes, par la presse et par les affiches apposées dans les bureaux de poste, donne des résultats très efficaces. De même que pour les ventes précédentes, l'Office a assuré la distribution dans la métropole des notices établies pour les propriétés comprises dans la 10e vente. Les demandes ont été très nombreuses et ces opérations n'ont donné lieu à aucune remarque particulière. Il convient de signaler, cependant, le désir manifesté par le public métropolitain de voir réserver un plus long délai entre le moment où les ventes sont annoncées et la date à laquelle les achats peuvent commencer. On fait observer que les futurs acquéreurs ayant tout intérêt à visiter personnellement les lieux, comme l'administration est la première à le conseiller, beaucoup s'abstiennent, qui se trouvent pris au dépourvu et, retenus par d'autres occupations, ne peuvent effectuer ce voyage pendant les quelques semaines qui précèdent l'ouverture de la vente.

C'est un peu pour cette raison que, malgré l'attrait des mises à prix et des facilités de paiement qu'offrent les ventes à bureau ouvert, l'on nous questionne encore plus fréquemment sur le marché des propriétés privées. Cela tient aussi à ce que beaucoup de capitalistes ne veulent pas s'astreindre à l'accomplissement des obligations imposées aux acquéreurs de terres de colonisation, à ce qu'ils préfèrent s'installer sur un domaine déjà en rapport, ou commencer par louer des terres avant de s'engager définitivement, ou encore à ce qu'ils ont l'intention d'entreprendre de vastes exploitations agricoles sur des superficies que ne prévoient pas les allotissements de terres domaniales. Nous avons, depuis deux ans, ouvert, dans le *Bulletin*, une rubrique spéciale pour les ventes et locations de propriétés privées; les officiers ministériels de la colonie ont été invités à y insérer gratuitement l'annonce des propriétés mises en vente par leur intermédiaire, mais, à quelques exceptions près, ils n'ont manifesté aucun empressement à profiter de cette offre. Quoiqu'il en soit, nous nous efforçons de renseigner, par les moyens dont nous disposons, les amateurs qui s'adressent à nous et nous les renvoyons, pour le surplus, aux agences et aux journaux immobiliers de la colonie. Mais il serait à souhaiter cependant que l'office fut tenu au courant, d'une façon plus régulière, des offres de vente et de locations de terres en Algérie, pour être à même de fournir des indications plus précises aux nombreuses personnes qui s'informent de la possibilité de s'établir dans une région déterminée et des prix moyens qui y sont demandés.

Souvent aussi l'on nous entretient de projets plus ou moins lointains formés par des chefs de famille qui songent à acheter une propriété en Algérie pour y installer plus tard un de leurs enfants! on nous demande alors des renseignements sur les écoles d'agriculture et sur le moyen d'effectuer un stage préalable dans une exploitation algérienne. Comme nous l'avons signalé l'an dernier, nous n'avons pu, jusqu'à présent, donner à ces correspondants que peu d'adresses de propriétaires, et si un plus grand nombre de ces derniers acceptaient de recevoir sur leurs domaines les jeunes gens de la métropole qui cherchent à faire un stage, cela contribuerait certainement au développement de la colonisation libre et à un nouvel apport de capitaux dans l'agriculture algérienne.

C. — LES ENTREPRISES COMMERCIALES ET INDUSTRIELLES

Tous ceux qui, dans la métropole, se sentent attirés vers l'Algérie par la recherche d'une amélioration de leur situation ou d'affaires avantageuses à réaliser, ne sont pas portés par leurs goûts ou leurs aptitudes, vers les entreprises agricoles.

Les demandes d'emploi les plus nombreuses

sont, après celles qui ont trait à des situations administratives, celles qui se rattachent aux professions commerciales ou industrielles. Il est généralement difficile de donner satisfaction à ces demandes, car les employeurs trouvent facilement à recruter leur personnel sur place et ceux qui pourraient embaucher des spécialistes venant de la métropole ne s'adressent guère à l'Office dans ce but. L'impossibilité d'offrir une place en Algérie, à cette catégorie de demandeurs et la nécessité de leur conseiller de ne pas s'embarquer avant d'avoir du travail assuré dès leur arrivée dans la colonie, oblige à décourager bien des bonnes volontés.

Mais il est des ouvriers techniciens disposant de quelques ressources qui se décident à partir à leurs frais, confiants dans leur savoir professionnel pour trouver un embauchage certain; il est de petits artisans qui font un raisonnement analogue, il est enfin des capitalistes disposés à monter une affaire industrielle ou commerciale en Algérie. Les uns et les autres s'adressent volontiers à l'Office : les premiers pour réunir, sur la branche d'industrie qui les intéresse, la documentation précise qui leur est indispensable s'ils veulent éviter les démarches vaines qui épuiseraient leurs modestes réserves, les autres pour rassembler les éléments généraux d'une enquête qu'ils poursuivront et compléteront plus tard par un voyage d'études sur les lieux. En présence des progrès incessants de la colonie, l'Office éprouve beaucoup de difficulté à tenir à jour les renseignements dont il s'agit : la publication d'une statistique industrielle détaillée, comportant en même temps les éléments essentiels relatifs aux conditions du travail en Algérie, rendrait à cet égard les plus grands services.

C. — *Les relations de tourisme entre la France et l'Algérie*

A côté de ceux qui poursuivent un projet d'installation personnelle, ou la tractation d'affaires commerciales .dans la colonie, il y a beaucoup de Français de la métropole qui sont facilement accessibles à l'idée d'un voyage ou même d'un séjour d'agrément en Algérie.

Pour encourager ce tourisme particulièrement profitable à la colonie, puisqu'il multiplie les contacts entre compatriotes, les conférences auxquelles nous avons fait allusion plus haut peuvent exercer une action efficace et leur extension aux autres régions de la métropole donnera certainement des résultats. Un autre moyen de propagande qui s'impose à l'heure actuelle, c'est le cinématographe. Ce genre de spectacle a conquis, comme on le sait, la faveur du public et le déroulement presque simultané des mêmes films dans les localités les plus reculées et devant un public qui réunit toutes les classes de la population entraine, de nos jours, une sorte de contact intellectuel et de communauté de vision inconnue jusqu'alors. L'influence du cinématographe sur les masses peut donc être comparée à celle de la presse et il y a tout intérêt à l'utiliser au profit de la colonie. Précisément, les films de voyages et d'actualité paraissent être les plus appréciés du public cultivé : les sites de l'Algérie et les scènes pittoresques qu'on y rencontre à chaque pas ne peuvent manquer de captiver ce public et de provoquer un accroissement du nombre des touristes qui visiteront l'Afrique du Nord. Nous nous proposons, d'ailleurs, d'appuyer cette propagande qui semble devoir s'instituer presque d'elle-même, en raison des intérêts concordants des compagnies de transport et des éditeurs de films, par la distribution judicieuse de notices illustrées et par l'apposition d'affiches artistiques sur tous les points d'où peuvent partir les Français qui voyagent et sur tous ceux où les courants mondains les rassemblent à chaque saison.

I. — *Centralisation des renseignements demandés par le public métropolitain sur le tourisme en Algérie.*

Le premier effet de la publicité pratiquée en faveur du tourisme en Algérie, est de susciter un très grand nombre de demandes de renseignements adressées à l'Office. Evidemment, il n'appartient pas à ce service de se substituer aux agences de voyages. Celles-ci ont des bureaux dans les principales villes de France, et chacun peut s'y documenter aisément sur les excursions classiques à faire dans les trois provinces, ainsi que sur les commodités offertes à l'hivernage par les hôtels de la colonie. Les compagnies de chemins de fer et de navigation, d'autre part, éditent des livrets où sont indiquées toutes les combinaisons de voyages circulaires à itinéraires fixes et facultatifs qui s'appliquent à leurs différents réseaux. Enfin, ces mêmes agences, certains grands journaux et divers groupements (sociétés savantes, membres de l'enseignement, écoles d'agriculture, etc.) organisent fréquemment des caravanes de vacances qui amènent en Algérie, une grande quantité de visiteurs dont le déplacement est ainsi particulièrement facilité.

Mais, en raison précisément de cette abondance de ressources offertes au touriste et de leur dispersion, l'Office se trouve amené à réaliser, en quelque sorte, la centralisation des sources de renseignements existantes, de façon à pouvoir indiquer immédiatement au public les diverses agences et compagnies de transport auxquelles il peut s'adresser, les guides et publications qu'il peut consulter, les cartes et documents qu'il peut se procurer, voire même les caravanes en formation auxquelles il pourrait se joindre. L'Office est souvent appelé aussi à compléter cette documentation en donnant à ses correspondants quelques clartés sur l'organisation administrative et sur les conditions de la vie en Algérie, ou encore des précisions sur la bibliographie générale relative à la colonie.

2° *Vulgarisation des conditions nouvelles du tourisme en Algérie*

Notre rôle ne se borne pas là en matière de tourisme. L'Office est spécialement qualifié pour faire connaître en France les améliorations incessantes réalisées dans les conditions de transport et dans les installations matérielles de la colonie, pour signaler les facilités nouvelles offertes à la circulation automobile par le développement du réseau routier et les sites peu connus que le développement des moyens de communication permet de visiter.

Le concours empressé des autorités locales et des syndicats d'initiative qui se sont créés dans les principales régions de la colonie, lui a été précieux jusqu'ici pour mener à bien cette mission. Il lui sera d'autant plus nécessaire dans l'avenir que le progrès des aménagements touristiques sera plus accentué et se traduira par un mouvement de voyageurs plus intense.

3° *Enquêtes et propagande à l'étranger et dans les possessions coloniales françaises*

En dehors de la métropole, l'action de l'Office a eu pour objet, comme les années précédentes, de recueillir des informations agricoles ou commerciales, d'augmenter les débouchés ouverts aux produits algériens et de créer un mouvement de tourisme plus actif vers la colonie.

Nous n'insisterons pas sur les informations recueillies en matière agricole et commerciale. Portées aussitôt à la connaissance des intéressés lorsqu'elles concernaient des affaires privées, elles ont reçu, dans le cas contraire, la publicité du *Bulletin* et il suffit de se reporter à la table des matières pour se rendre compte de la variété des renseignements ainsi rassemblés et du nombre des pays étrangers sur lesquels ont porté les principales enquêtes. Signalons seulement que la réorganisation en cours des services agricoles de la colonie permettra à l'Office de s'appuyer, à l'avenir, sur une indication plus nette des desiderata de l'agriculture algérienne, pour diriger ses enquêtes et ses observations concernant les expériences poursuivies à l'étanger et les améliorations qui y sont réalisées dans la culture ou dans l'élevage.

Le développement du tourisme et du mouvement commercial dépend étroitement de la facilité plus ou moins grande des communications matérielles entre l'Algérie et le pays considéré. Par ses frontières de terre, et sans même tenir compte du commerce de l'extrême-sud ni des perspectives de grand tourisme dans les régions sahariennes qui la relient à l'Afrique Occidentale française, la colonie est en contact direct avec les protectorats tunisien et marocain qui, l'un et l'autre, entretiennent avec elle d'intéressantes relations commerciales et entre les trois pays s'établit déjà une circulation de touristes qui ira en augmentant à mesure que les routes s'ouvriront plus nombreuses et que les trains franchiront les frontières de nos possessions. Par voie de mer, l'Algérie est reliée également avec la Tunisie et le Maroc.

Des services directs permettent aux touristes anglais, allemands et américains, de la visiter sans passer par le continent européen. Les services qui desservent les ports d'Espagne ou d'Italie permettent, au contraire, de réduire ou de varier la traversée en s'embarquant dans l'un de ces pays. Enfin, la navigation commerciale directe existe également avec l'Angleterre, la Belgique, le Danemark, les Pays Scandinaves et la Baltique, avec le Portugal, l'Espagne, l'Italie, l'Autriche, le Levant et la mer Noire, avec les Etats-Unis d'Amérique, avec le golfe Persique et la mer des Indes. Mais cette situation devrait encore être améliorée par une augmentation des services sur les lignes déjà existantes, et par la création de lignes nouvelles pour desservir les pays avec lesquels l'Algérie ne peut actuellement communiquer que par le transbordement.

A. — Rapports du tourisme avec l'Étranger

Sans passer en revue chacun des pays étrangers

avec lesquels l'Office maintient ses relations et sa propagande par les procédés habituels, nous signalerons ici ceux dans lesquels notre action nous paraît susceptible d'amener le plus rapidement des résultats appréciables au point de vue du tourisme. Les moyens à employer ne diffèrent pas essentiellement de ceux dont nous avons parlé pour la France : conférences, projections cinématographiques, notices, affiches. Eventuellement, la publicité dans la presse pourra aussi être utilisée. Suivant les pays et suivant les circonstances, l'un ou l'autre de ces procédés se montrera plus efficace.

Les pays britanniques qui fournissent déjà à l'Algérie de nombreux hiverneurs et touristes, se prêtent particulièrement à cette propagande. L'Angleterre, à cet égard, se trouve dans des conditions très favorables. La proximité de son territoire, les relations cordiales et fréquentes qui existent entre elle et la métropole, disposent plus volontiers ses habitants à choisir la colonie comme but de leurs déplacements. Aussi le congrès de l'Union Franco-Britannique du tourisme qui a eu lieu à Londres, en septembre 1913, s'est-il tenu dans une atmosphère de sympathie qui a vivement frappé les délégués de l'Algérie. Dans ce milieu déjà préparé, des notices distribuées aux moments propices pourront toucher utilement le public qu'il s'agit d'atteindre. Des propositions nous ont été faites pour l'insertion, dans les grands quotidiens anglais, d'articles consacrés au tourisme algérien; l'adoption de ce mode de publicité pourra être envisagée également le cas échéant.

Nous avons déjà fait connaître, l'an dernier, l'initiative fructueuse d'un de nos correspondants de New-York, M. Lambert, qui a réussi, par sa persévérante propagande, à provoquer de nombreux départs de touristes vers la colonie. En appuyant ses efforts par une action appropriée aux habitudes de ce pays, nous comptons développer davantage encore aux Etats-Unis l'idée des voyages ou de l'hivernage en Algérie.

Nous pensons aussi que les touristes de toute nationalité peuvent être aisément touchés par une propagande dirigée sur les centres cosmopolites, où ils sont attirés chaque saison. La Suisse, pays d'estivage et de sports d'hiver, l'Italie sont les richesses artistiques ont tant d'attrait pour les voyageurs, l'Espagne avec ses curiosités si proches des spectacles de l'Afrique du Nord, l'Egypte qui a su, par une publicité savante, se créer toute une clientèle d'hiverneurs et devenir le point de départ d'expédition de chasse au Soudan, les pays du nord enfin dont les fjords deviennent depuis quelques années le but de nombreuses excursions, tous ces lieux de tourisme voient défiler des visiteurs qui ne se refuseraient pas, ultérieurement, à diriger leurs explorations vers l'Algérie, si leurs regard étaient suffisamment sollicités par des affiches capables de les frapper et s'ils avaient sous la main des brochures comportant un texte approprié.

B. — Les relations commerciales avec l'Étranger

Au point de vue commercial, l'Office s'attache, en premier lieu, à suivre attentivement le mouvement des échanges avec l'Algérie, avec l'étranger, pour tirer des augmentations ou des fléchissements constatés, les indications susceptibles de permettre le développement des exportations de la colonie ou d'éviter le resserrement de ses débouchés; il s'efforce également d'étudier de près les modifications survenues dans la situation des principaux marchés qui intéressent l'Algérie pour signaler les concurrences menaçantes ou les débouchés nouveaux qui apparaissent.

Les produits algériens, dont l'écoulement à l'étranger s'est considérablement accru depuis une dizaine d'années, sont déjà connus et appréciés sur la plupart des marchés. Les phosphates, les minerais, l'alfa, le crin végétal, le liège, pour ne citer que ceux-là, ont conquis d'importants débouchés. Mais la situation du commerce d'exportation ne peut se maintenir que par une vigilance ininter-

rompue et il importe de la consolider par l'introduction d'un plus grand nombre d'articles sur chaque place étrangère.

Pour seconder cette conquête des débouchés,
l'office a expérimenté successivement les procédés
les plus variés : dépôts d'échantillons, contrats avec
des particuliers, encouragements à la création de
comptoirs commerciaux, services d'informations et
de propagande confiés à des correspondants qua-
lifiés. Certains de ces procédés ont paru moins efficaces; d'autres ont donné des résultats qui sont
devenus moins apparents avec l'évolution des circonstances qui en avaient entraîné l'adoption.
Aucun ne doit être rejeté par principe et, là encore,
il est nécessaire d'adapter les méthodes au temps
et à la région.

Depuis plusieurs années, un service de propagande et d'informations est confié à M. Lang, ancien
négociant, vice-consul honoraire de France, à
Francfort-sur-le-Mein. La grande expérience commerciale de M. Lang, sa connaissance parfaite des
milieux auxquels s'étend sa sphère d'action, aussi
bien que l'activité avec laquelle il s'est acquitté de
ses fonctions, lui ont permis, non seulement de renseigner les exportateurs algériens qui se sont adressés à lui, mais encore de faciliter le placement de
différents produits et de recueillir une utile documentation dont l'office a eu fréquemment occasion
de faire usage. Nos enquêtes sur le marché alle-
mand ont été complétées, en 1913, par une mission
confiée à M. Paganon, secrétaire de la conférence
des conseillers de commerce extérieur, que nous
avions prié de faire porter principalement ses
recherches sur les procédés commerciaux des mar-
chands espagnols et italiens d'agrumes, de fruits
et de légumes, concurrents dangereux, sur ce marché, pour les producteurs algériens.

En Suisse, un service de propagande et d'informations a été confié, à partir du 1er janvier 1913, à
M. Olivier, vice-président de la chambre de commerce de Genève, qui a immédiatement fait preuve

d'une très grande activité; il est entré en relations avec les principaux importateurs des cantons où les produits algériens pourraient trouver des débouchés. Cette campagne est encore trop récente pour que des résultats définitifs puissent être dégagés, mais l'accueil sympathique qu'ont reçu les démarches de M. Olivier, notamment dans les régions de Genève, de Bâle, de Berne et de Zurich, et les nombreuses correspondances qu'il a échangées avec les exportateurs de la colonie permettent d'espérer que les échanges algéro-suisses prendront, d'ici quelques années, l'ampleur que comporte l'importance du marché helvétique et la variété des productions de la colonie.

Mentionnons, en terminant, le marché anglais régulièrement ouvert à un certain nombre de produits algériens, puisque les Iles Britanniques sont le principal client étranger de l'Algérie, mais sur lequel l'exportation de certains articles pourrait encore être développée ou inaugurée. La propagande commerciale dans ce pays rencontre, en raison des coutumes locales, des difficultés particulières et demande à être conduite avec beaucoup de soin; nous nous préoccupons de la réaliser dans les conditions les plus favorables.

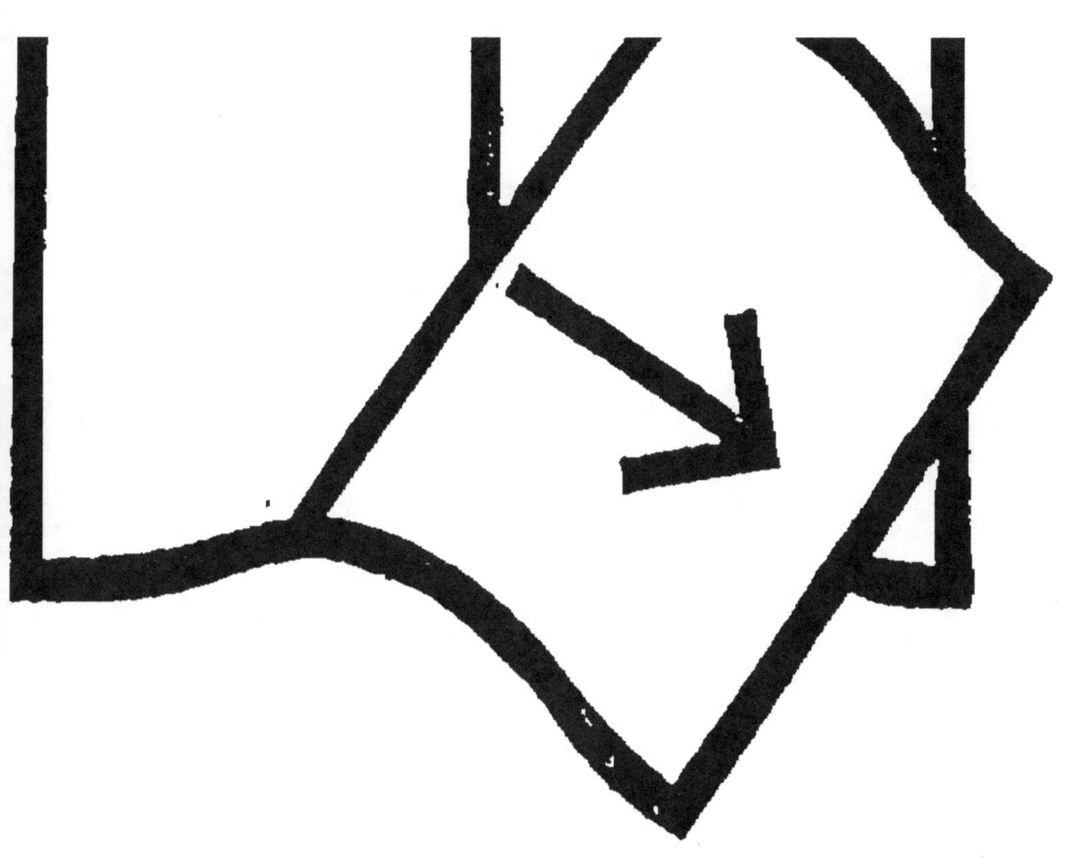

Documents manquants (pages, cahiers...)